JN123382

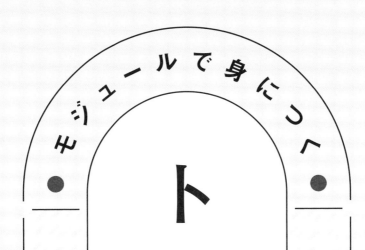

モジュールで身につく

トルコ語

津久井優　川口裕司 [著]

菅原睦 [監修]

Modüllerle Türkçe Konuşalım

東京外国語大学の語学

Tokyo Yabancı Araştırmaları Üniversitesi

東京外国語大学出版会

言 語 モ ジ ュ ー ル に つ い て

　東京外国語大学の21世紀COEプログラム「言語運用を基盤とする言語情報学拠点」が2003年以来開発しているインターネット上の言語教材です。教員、大学院生および協力者を含む100名以上によって開発され、主として大学生が初めて新しい外国語を学ぶための教材を想定しています。詳しくは、https://www.coelang.tufs.ac.jp/mt/ を参照ください。

音 声 ダ ウ ン ロ ー ド

　本書では付録として🔊マークで示したページの音声データを東京外国語大学出版会ウェブサイトより配信しています。トルコ語の発音を学ぶ際に参照してください。

▌ 音声ダウンロードのURL

https://wp.tufs.ac.jp/tufspress/download/

＊ダウンロードページはメンテナンス等により休止する場合があります。

はじめに

"Türkçe biliyor musun?"（テュルクチェ ビリヨル ムスン）　きみはトルコ語がわかるの？

トルコ語のあいさつや表現を言ってみて、トルコの人にこのように返されたとき、その場の空気は一気に和むことでしょう。そのあと、トルコ語でたくさん話しかけられて全くわからない……という状況も、最初はご愛嬌。

これから、本書で少しずつ、トルコ語を学んでいきましょう。

ヨーロッパとアジアの交差点に位置するトルコ共和国は、その土地柄、古くからたくさんの旅人を受け入れてきました。

「旅人へのおもてなしの心」が大切にされているトルコでは、現代でも、ちょっと立ち寄ったお土産屋さんや、商談で訪れた会社で、こちらがストップをかけるまで熱々のチャイが出され続けることでしょう！

そんなトルコで、旅人のあなたが、トルコ語をひとことでもふたことでも話したら、相手の心は一気に開かれ、あなたの存在は「旅人」から「仲間」へと変わります。

日々進化し続けるトルコでも、こういった人々の心は時代から時代へと受け継がれているように思われます。

たくさんの「旅人」を受け入れてきた、というのは、トルコ語についても言えるでしょう。トルコ語はアラビア語やペルシャ語、フランス語や英語の単語がたくさん用いられているほか、その時代のコミュニケーションや文化的要素も柔軟に取り入れています。

本書『モジュールで身につくトルコ語』は、今を生きるトルコ語を理解し学習することを目的として書かれました。

各章のスキットには、TUFS 言語モジュール　トルコ語会話モジュールの40のスキットの中から、最も大切な文法を含む12スキットを選びました。これをベースに、観光のほか、トルコでも大変盛んなデジタルコミュニケーションやSNSでの表現、さらに、ビジネスでも使える会話やメールの文章を、応用表現として掲載しています。発音については、とくに実際の話し言葉で特徴的なポイントについて説明しました。

また、本章からさらにステップアップしたい人のために、巻末に「文法のキーポイント」をつけ、本章に出てこない文法についても一部解説しています。

　　トルコ語は、東京外国語大学大学院研究生のブシュラ・アタコールさんと神戸大学経済学部生のエゲハン・コクメンさんに校閲していただきました。本書中の写真は、イスタンブル在住のzon.さんにご提供いただきました。

　　本書を共同執筆していただいた東京外国語大学名誉教授 川口裕司先生、ならびに監修していただいた東京外国語大学教授 菅原睦先生、そして、本書制作の機会を与えて下さった、東京外国語大学出版会の大内宏信さんと小田原澪さんへ、心より感謝申し上げます。

　　トルコ語があなたの大切な「仲間」となりますように。

2024年3月　津久井 優

　本書は、TUFS言語モジュール「トルコ語 会話モジュール」の12のスキットがベースとなっています。

　これらのスキットは、初級で学びたい文法を含んでいます。

　各スキットを5つのステップで学ぶことで、トルコ語の基本的な表現、発音のポイント、そして応用表現の習得を目指します。

ステップ1｜まずは全体を聴いてみましょう

ページに記載されたQRコードを読み込み、まずは自然な会話を聴いてください。

ステップ2｜語彙と文法

　「単語と表現」では、その章で学ぶ単語や表現をピックアップしています。スキット中に出てくる単語の意味の確認や、そのまま暗記する表現について学習しましょう。

　「学ぶ内容」では、その章で学ぶ表現や文法のほか、応用表現について解説しています。

ステップ3｜音声に続いて発音してみましょう

　カタカナで読み方を表記し、さらに「発音のポイント」について解説しています。ページに記載されたQRコードを読み込み、会話を聴いてください。繰り返し聴いて、自然な発音を身につけましょう。

ステップ4｜応用会話を聴いてみましょう

　各章のテーマにそった「応用会話」を学びます。「日常会話」「ビジネス」の2種類を用意しています。表現を理解したら、QRコードを読み込み、会話の各文を聴き、繰り返して発音してみましょう。

ステップ5｜練習しましょう

　各章のテーマごとに練習問題を解いて、表現や文法の理解を確認してください。

　解答も同じページに掲載しています。

モジュールで身につく　トルコ語
もくじ

トルコ語について

　トルコ語は、アゼルバイジャン語、ウイグル語、ウズベク語、トルクメン語などとともにチュルク諸語に属する言語です。その中で話者数が一番多いのがトルコ語です。話し手の大部分はトルコ共和国に住んでおり、トルコ国家統計庁によると、人口は8,528万人（2022年）だそうです。トルコ語には地域ごとにさまざまな方言があるほか、トルコ共和国以外でも、たとえば、ブルガリア、ギリシャ、キプロス島の北部においてもトルコ語が話されています。また、ドイツやオランダのような西ヨーロッパの国々にも、たくさんのトルコ系移民が暮らしています。

　初代トルコ共和国大統領であったムスタファ・ケマル・アタテュルクは、1928年に近代化政策の一環として、それまでのアラビア文字によるトルコ語の表記を廃止しました。それ以後トルコ語は、英語やフランス語と同じように、ラテン・アルファベットを使って表記されるようになりました。以下では最も重要だと考えられるトルコ語の特徴について説明します。

トルコ語の文字と発音

▌基本的なアルファベット

大文字	小文字	単語例	大文字	小文字	単語例
A	a	araba 車 _{アラバ}	L	l	lira リラ _{リラ}
B	b	ben 私 _{ベン}	M	m	mavi 青色 _{マーヴィ}
D	d	ders 授業 _{デルス}	N	n	neden なぜ _{ネデン}
E	e	ev 家 _{エヴ}	O	o	okul 学校 _{オクル}
F	f	fiyat 価格 _{フィヤット}	P	p	para お金 _{パラ}
G	g	gece 夜 _{ゲジェ}	R	r	rehber ガイド _{レフベル}
H	h	hava 空気 _{ハヴァ}	S	s	su 水 _ス
J	j	Japonya 日本 _{ジャポンヤ}	T	t	Türkiye トルコ _{テュルキイェ}
K	k	kulak 耳 _{クラック}	Y	y	yok ない _{ヨック}

▌発音に注意が必要なアルファベット

大文字	小文字	発音の注意	単語例
C	c	「ジャ」「ジ」「ジュ」「ジェ」「ジョ」	cep ポケット _{ジェップ}
Ç	ç	「チャ」「チ」「チュ」「チェ」「チョ」	çiçek 花 _{チチェッキ}
Ğ	ğ	1. 母音字の間では発音されない。 2. それ以外では前の母音を延ばす。	eğer もしも _{エエル} dağ 山 _{ダー}
I	ı	「イ」の唇の形で「ウ」と発音する。	ışık 光 _{ウシュック}
İ	i	大文字も上に点が付く。	İstanbul イスタンブル _{イスタンブル}
Ö	ö	「オ」と「エ」の間のように聞こえる。	ön 前 _{オン}
Ş	ş	「シャ」「シ」「シュ」「シェ」「ショ」	şişe ビン _{シシェ}
U	u	唇を丸めて「ウ」と発音する。	uzun 長い _{ウズン}
Ü	ü	「ウ」の唇の形で「イ」と発音する。	üzüm ぶどう _{ユズュム}
V	v	「ワ」と「ヴァ」の間のように聞こえる。	var あるいは var ある _{ワル　　　　　ヴァル}
Z	z	単語末では「ス」と発音されることもある。	kız あるいは kız 娘 _{クス　　　　　クズ}

母 音 調 和

「直前にくる母音によって、次に続く母音が決まる現象を「母音調和」と言います」。こう説明すると、難しく感じられたり、ルールを覚えるのが大変と思われるかもしれません。簡単に言うと、ひとつの単語の中に発音の似た母音だけが現れることで、母音調和は単語の発音を容易にしていると言えます。たとえばayak(足)、burun(鼻)、kirpik(まつ毛)などの単語では、最初の母音と同じ母音が2番目にも現れています。これが母音調和です。

とは言うものの、現在のトルコ語には外来語がたくさんあるため、母音調和の起きていない単語も多くあります。istasyon(駅)、metro(メトロ)、banliyö(郊外)などの借用語がそうです。

現代トルコ語の母音調和は、単語にいろいろな文法的「要素」(接尾辞と言います)を付けるときに見られる現象と言えるでしょう。接尾辞における母音調和には、2つのタイプがあります。母音が2つのグループに分かれるタイプと、4つのグループに分けるタイプです。それぞれについて、詳しく見ていきましょう。

1. 母音を2つのグループに分けるタイプ
複数、離脱(〜から)、場所(〜で)、方向(〜へ)、否定、未来などを表す接尾辞

① eグループ	接尾辞の直前の母音	② aグループ	接尾辞の直前の母音
	e, i, ö, ü		a, ı, o, u

たとえば、anne(母)とbaba(父)に「複数」を表す -ler/-lar、「離脱(〜から)」を表す-den/-danをつけましょう。anneでは直前の母音がeであり、babaではaであるため、次のようになります。

母たち	母から	父たち	父から
アンネレル	アンネデン	ババラル	ババダン
anneler	anneden	babalar	babadan

göl(湖)、deniz(海)、okul(学校)、fırın(オーブン)に「方向(〜へ)」を表す -e/-aをつけた例も見てみましょう。

湖へ	海へ	学校へ	オーブンへ
ギョレ	デニゼ	オクラ	フルナ
göle	denize	okula	fırına

上例のように、接尾辞が -ler, -denや-eになるか、あるいは -lar, -danや-aになるかは、すべて接尾辞の直前の母音が決めているのです。本書の中で、-ler, -den, -eのように太字で示されている母音は、直前の母音によってeになるか、aになるかが決まります。

いろいろな単語を使って、表にまとめておきましょう。

複数を表す -ler/-lar

イェルレル yerler (場所)	マルラル mallar (商品)
ディルレル diller (言語)	ユルラル yıllar (年)
キョイレル köyler (村)	ヨルラル yollar (道)
ギュルレル güller (バラ)	ムズラル muzlar (バナナ)

「〜に」を表す -e/-a

イェレ yere (場所に)	マラ mala (商品に)
ディレ dile (言語に)	ユラ yıla (年に)
キョイェ köye (村に)	ヨラ yola (道に)
ギュレ güle (バラに)	ムザ muza (バナナに)

「〜から」を表す -den/-dan

イェルデン yerden (場所から)	マルダン maldan (商品から)
ディルデン dilden (言語から)	ユルダン yıldan (年から)
キョイデン köyden (村から)	ヨルダン yoldan (道から)
ギュルデン gülden (バラから)	ムズダン muzdan (バナナから)

2. 母音を4グループに分けるタイプ
〜です、疑問、現在、過去などを表す接尾辞

	接尾辞の直前の母音
① i グループ	e, i,
② ı グループ	a, ı,
③ ü グループ	ö, ü
④ u グループ	o, u

この場合、母音調和は少し複雑になります。たとえば「私は〜です」は、-im, -ım, -üm, -um のいずれかの形になります。

| オーレットメニム
Öğretmenim.
私は教師です。 | ミーマールム
Mimarım.
私は建築家です。 | クアフォルム
Kuaförüm.
私は美容師です。 | ドクトルム
Doktorum.
私は医者です。 |

疑問を表す形も、直前の母音に従って、mi, mı, mu, mü のいずれかになります。

| オーレットメン ミ
Öğretmen mi?
彼は教師ですか。 | ミーマール ム
Mimar mı?
彼は建築家ですか。 | クアフォル ミュ
Kuaför mü?
彼は美容師ですか。 | ドクトル ム
Doktor mu?
彼は医者ですか？ |

「私は〜した」を表す時は、過去の接尾辞が -dim/-dım/-düm/-dum のいずれかになります。

| ゲルディム
Geldim.
私は来た。 | アルドゥム
Aldım.
私は買った。 | ユリュデュム
Yürüdüm.
私は歩いた。 | コイドゥム
Koydum.
私は置いた。 |

では、実際に母音調和の練習をしてみましょう。

1. 母音調和に気をつけながら、次の単語に複数の接尾辞 -ler/-lar をつけてください。

a｜ağabey 兄 → (　　　　　) 兄たち　　b｜abla 姉 → (　　　　　) 姉たち

c｜kız 娘 → (　　　　　) 娘たち　　d｜oğul 息子 → (　　　　　) 息子たち

e｜aile 家族 → (　　　　　) 家族ら　　f｜akraba 親戚 → (　　　　　) 親戚たち

2. 母音調和に気をつけながら、次の単語に、「〜から」を表す接尾辞 -den/-dan をつけましょう。

a｜sevgili 恋人 → (　　　　　) 恋人から　　b｜komşu 隣人 → (　　　　　) 隣人から

c｜şoför 運転手 → (　　　　　) 運転手から　　d｜bakıcı シッター → (　　　　　) シッターから

3. 母音調和に気をつけながら、次の単語に、「〜へ」を表す接尾辞 -e/-a をつけてください。

a｜çimen 芝生 → (　　　　　) 芝生へ　　b｜dağ 山 → (　　　　　) 山へ

c｜çöl 砂漠 → (　　　　　) 砂漠へ　　d｜havuz プール → (　　　　　) プールへ

4. 母音調和に気をつけながら、「私は〜です」-im/-ım/-üm/-um をつけて文を完成してください。

a｜memnun 満足している → (　　　　　) 私は満足している。

b｜emin 確信している → (　　　　　) 私は確信している。

c｜üzgün 悲しい → (　　　　　) 私は悲しい。

d｜kızgın 怒っている → (　　　　　) 私は怒っている。

トルコ語の語順

　母音調和だけを聞くと、ちょっと難しそうに思えるトルコ語ですが、実は語順が日本語にとてもよく似ています。そのため、トルコ語の文章を話したり書いたりすることは、日本人にとっては比較的容易と言えます。

　たとえば、O yabancı mı?「彼(女)は外国人ですか?」という文では、単語の並び方は次のようになっています。

O	yabancı	mı?
オ	ヤバンジュ	ム
彼(女)	外国人	疑問

なんと、「彼(女)・外国人・か」となり、日本語と全く同じ語順なのです。

　もう少し複雑な文になっても同じです。たとえば、Buradan eve yürüyeceğiz.「(私たちは)ここから家まで歩くつもりです。」という文は、

Bura	-dan	ev	-e	yürü	-yeceğ	-iz.
ブラ	ダン	エヴ	エ	ユリュ	エジェ	イズ
ここ	から	家	へ	歩く	つもりだ	私たちは

となります。トルコ語では、動詞の活用を見ると主語が誰なのかわかるため、上の文ではbiz「私たちは」という主語が省略されています。

　トルコ語は私たちにとって比較的容易な言語と言えますが、短い文であっても、いろいろな接尾辞が続いてきたり、否定形や完了形などの場合は、文法に注意する必要があります。たとえば、Sizi arayamadığım için kusura bakmayın.「あなたにお電話できなくてすみません。」は、次のようになります。

Siz	-i	ara	-yama	-dığ	-ım	için	kusur	-a	bak	-ma	-yın
スィズ	イ	アラ	ヤマ	ドゥ	ウム	イチン	クスル	ア	バク	マ	ユン
あなた	に	電話する	不可能	完了	私は	ために	過ち	を	見る	否定	丁寧な命令

　kusura bakmayınは、直訳すると「過ちを見ないでください」ですが、慣用句で「すみません / ごめんなさい」の意味になります。慣用句やいろいろな表現方法は、本やインターネット、映像などを通してトルコ語に触れながら、少しずつ慣れていきましょう。

Ders 1
挨拶する

ステップ
1 まずは全体を
聴いてみましょう

🔊 1-1

メフメット（Mehmet 男性）とニルギュン（Nilgün 女性）が会って挨拶をしています。

Mehmet メフメット	メルハバ ニルギュン ハヌム Merhaba Nilgün Hanım. こんにちは、ニルギュンさん。
Nilgün ニルギュン	メルハバ メフメット ベイ Merhaba Mehmet Bey. ナスルスヌス Nasılsınız? こんにちは、メフメットさん。 調子はいかがですか？
Mehmet メフメット	イイイム テシェッキュル エデリム İyiyim, teşekkür ederim. スィズ ナスルスヌス Siz nasılsınız? 元気です、ありがとうございます。 あなたのほうは、調子はいかがですか？
Nilgün ニルギュン	ベン デ イイイム テシェッキュル エデリム Ben de iyiyim, teşekkür ederim. 私も元気です、ありがとうございます。

賑やかなカドゥキョイの路地

ステップ 2　語彙と文法

単語と表現

そのまま覚える表現

Merhaba. <small>メルハバ</small>	こんにちは。
Nasılsınız? <small>ナスルスヌス</small>	調子はいかがですか？
İyiyim. <small>イイイム</small>	元気です。
Teşekkür ederim. <small>テシェッキュル　エデリム</small>	ありがとうございます。

自分や相手の呼び方

ben <small>ベン</small>	私		sen <small>セン</small>	きみ（親しい間柄で）
biz <small>ビズ</small>	私たち		siz <small>スィズ</small>	あなた、あなたたち

⤵ 親しいsen「きみ」と丁寧なsiz「あなた」があります。

Nilgün Hanım <small>ニルギュン　ハヌム</small>	ニルギュンさん（女性）	Mehmet Bey <small>メフメット　ベイ</small>	メフメットさん（男性）

⤵ トルコでは普段ファーストネームで呼び合います。
　　親しい間柄では、HanımやBeyは使わずに、Nilgün, Mehmetのように名前で呼びます。

名前の聞き方・言い方

Adınız ne? / İsminiz ne? <small>アドゥヌズ　ネ　イスミニズ　ネ</small>	（丁寧に）あなたの名前は何ですか？
Adın ne? / İsmin ne? <small>アドゥン　ネ　イスミン　ネ</small>	（親しい相手に）きみの名前は何？

答えるときは、Adım（又はİsmim）＋自分の名前で表現します。

Adım Nilgün. <small>アドゥム　ニルギュン</small>	私の名前はニルギュンです。
İsmim Mehmet. <small>イスミム　メフメット</small>	私の名前はメフメットです。

学ぶ内容

挨拶表現

基本的な挨拶表現は、フレーズとして覚えましょう。

| Merhaba. | こんにちは。 | Günaydın. | おはよう。 |

→ Merhaba. は一日中いつでも、また丁寧にも親しい相手にも使うことができます。

İyi günler. （日中会ったとき、少し丁寧に）こんにちは。

（日中別れるとき）良い一日を。

İyi akşamlar. （夕方会ったとき）こんばんは。/（夕方別れるとき）良い夜を。

知って おこう İyi günler. と İyi akşamlar. は、会ったときと別れるときで同じ表現を用います。会ったときに言う İyi günler. は、Merhaba. よりも少し丁寧な印象になります。

İyi geceler. おやすみ（なさい）。
Nasılsınız? / Nasılsın? 調子はどうですか？ / 調子はどう？
Selam! やあ！ | Ne haber? 元気？

知って おこう Selam. と Ne haber? は親しい相手のみに使います。

İyiyim, teşekkür ederim. 私は元気です、ありがとう。
Nasıl gidiyor? （仕事などの）調子はどう？
Çok teşekkür ederim. どうもありがとう（ございます）。
Rica ederim. / Bir şey değil. どういたしまして。
Sağ olun. / Sağ ol. ありがとう（ございます）。
Özür dilerim. / Kusura bakma(yın). ごめんなさい。
Hoş geldiniz. / Hoş geldin. ようこそ。
Hoş bulduk. お邪魔します。

知って おこう Hoş bulduk. は Hoş geldiniz./geldin. への返答の決まり文句です。

Görüşürüz. またね。 | Hoşça kal(ın). 元気で（いてください）。

🔊 1-3

Mehmet メフメット	Merhaba Nilgün Hanım. メルハバ　　ニルギュン　ハヌム こんにちは、ニルギュンさん。

発音のポイント①
トルコ語はローマ字読みをすればOKですが、ü、ö、ı、ğなどは注意が必要です。

Nilgün ニルギュン	Merhaba Mehmet Bey. メルハバ　　メフメット　　ベイ Nasılsınız? ナスルスヌス こんにちは、メフメットさん。 調子はいかがですか？

発音のポイント②
メルハバ
Merhaba は、hを発音せずにしばしば「メラバ」のように聞こえます。

Mehmet メフメット	İyiyim, teşekkür ederim. イイイム　テシェッキュル　エデリム Siz nasılsınız? スィズ　ナスルスヌス 元気です、ありがとうございます。 あなたのほうは、調子はいかがですか？

発音のポイント③
ナスルスヌス
Nasılsınızはl(エル)が落ちて「ナススヌス」のように聞こえることがあります。

Nilgün ニルギュン	Ben de iyiyim, teşekkür ederim. ベン　デ　イイイム　テシェッキュル　エデリム 私も元気です、ありがとうございます。

ステップ 4　応用会話を聴いてみましょう

🔊 1-4

▌ 日常会話 🎵

Yusuf（男性）が友人のZeynep（女性）に調子を尋ねています。

ユスフ Yusuf	セラーム ゼイネップ Selam Zeynep!	やあ、ゼイネップ！
ゼイネップ Zeynep	セラーム ユスフ ナスルスン Selam Yusuf! Nasılsın?	やあ、ユスフ！　調子はどう？
ユスフ Yusuf	イイイム サー オル セン ナスルスン İyiyim, sağ ol. Sen nasılsın?	元気だよ、ありがとう。きみはどう？
ゼイネップ Zeynep	ベン デ イイイム テシェッキュル エデリム Ben de İyiyim, teşekkür ederim.	私も元気、ありがとう。

▌ ビジネス 💼

Elif（女性）が商談のために来社した取引先のAli（男性）に挨拶しています。

エリフ Elif	メルハバ ホッシ ゲルディニズ ベン エリフ Merhaba, hoş geldiniz. Ben Elif.	こんにちは、ようこそ。エリフと申します。
アリ Ali	ホッシ ブルドゥック ベン アリ Hoş bulduk. Ben Ali.	お世話になります。アリと申します。
エリフ Elif	メムヌン オルドゥム Memnun oldum.	よろしくお願いします。
アリ Ali	ベン デ メムヌン オルドゥム Ben de memnun oldum.	こちらこそよろしくお願いします。

コラム 挨拶と ボディ ランゲージ	トルコでは初対面やビジネスの場では、握手をしながら名前を言って調子を尋ねます。握手をするときは、相手の目をしっかり見ましょう。仲良くなると、握手しながら相手の左頬と自分の左頬、次に相手の右頬と自分の右頬をそれぞれ一回ずつ触れ合わせます。さらに親しい場合は、加えて右と左二回ハグします。人の繋がりが強いトルコ社会。ビジネスパートナーでもハグできる関係にもっていけたら、仕事もうまくいくこと間違いなしですね?!

ガラタ塔

ステップ
5 練習しましょう

🔊 1-5

▎次の文を日本語に訳し、文をノートに書いて覚えましょう。

♪)) 日常会話

a Selam! Ne haber?
  _{セラーム　　ナーベル}
  - İyidir, sağ ol. Senden ne haber?
    _{イイディル　サー　オル　センデン　　ナーベル}
b Türkiye'ye hoş geldiniz!
  _{テュルキイェイェ　ホッシ　ゲルディニズ}
  - Hoş bulduk.
    _{ホッシ　ブルドゥック}
c İyi yolculuklar!
  _{イイ　ヨルジュルックラル}
d Çok teşekkürler!
  _{チョック　テシェッキュルレル}

🗂 ビジネス

a İşleriniz nasıl gidiyor, Mehmet Bey?
  _{イシレリニズ　ナスル　ギディヨル　　メフメット　　ベイ}
b Her şey için teşekkür ederim.
  _{ヘル　シェイ　イチン　テシェッキュル　エデリム}
  - Rica ederim.
    _{リジャー　エデリム}
c Memnun oldum.
  _{メムヌン　オルドゥム}
  - Ben de memnun oldum.
    _{ベン　デ　メムヌン　オルドゥム}
d İyi çalışmalar!
  _{イイ　チャルシマラル}

単語

İyidir. 元気です。(Ne haber?と聞かれた時の返答)／Türkiye'ye トルコへ／yolculuk 旅
／teşekkür 感謝／işleriniz あなたの諸々の仕事／her şey için 色々と／
Rica ederim. どういたしまして。／çalışma 働き、仕事

Ders 2
自己紹介する

ステップ 1 | まずは全体を
聴いてみましょう

🔊 2-1

フェヒミ（Fehmi 男性）とギュルスュム（Gülsüm 女性）が、お互いに自己紹介しています。

Fehmi フェヒミ	メルハバ Merhaba. こんにちは。

イスタンブル大学

Gülsüm ギュルスュム	メルハバ Merhaba. こんにちは。

Fehmi フェヒミ	ベニム　イスミム　フェヒミ　アンカラルユム Benim ismim Fehmi. Ankaralıyım. ユチュンジュ　スヌフ　オーレンジスィイム Üçüncü sınıf öğrencisiyim. 私の名前はフェヒミです。アンカラ出身です。3年生です。

Gülsüm ギュルスュム	ベニム　アドゥム　ダ　ギュルスュム　ベン　デ　アンカラルユム Benim adım da Gülsüm. Ben de Ankaralıyım. 私の名前はギュルスュムです。私もアンカラ出身です。

Fehmi フェヒミ	タヌシトゥウムザ　メムヌン　オルドゥム Tanıştığımıza memnun oldum. お会いできてうれしいです。

Gülsüm ギュルスュム	ベン　デ　メムヌン　オルドゥム Ben de memnun oldum. 私もお会いできてうれしいです。

単語と表現

▌このまま覚えるフレーズ

| ベニム　イスミム　アドゥム
Benim ismim/adım 〜. | 私の名前は〜です。 |

⊕ Ben＋名前で、簡単に名前を言うこともできます。

| ベン　フェヒミ
Ben Fehmi. | フェヒミと申します。 |
| タヌシトゥウムザ　メムヌン　オルドゥム
Tanıştığımıza memnun oldum. | お会いできてうれしいです。 |

⊕ （返答として）ベン　デ　メムヌン　オルドゥム
Ben de memnun oldum.　私もお会いできてうれしいです。

学ぶ内容

▌1. Ben 〜(y)im「私は〜です」

イム　　　　　ユム　　　　　ユム　　　　　ユム
〜(y)im,　〜(y)ım,　〜(y)üm,　〜(y)um

⊕ **太字**の部分は直前の母音に応じて母音調和します。（母音調和は10ページ参照）
⊕ 直前の単語が母音で終わるとき、母音とimの間にyが入り、yimになります。

Ben「私は」は省略することが可能です。

〜のところに名詞や形容詞を入れることで、自己紹介をすることができます。

| ジャポヌム
Japonum. | 私は日本人です。 | テュルキュム
Türküm. | 私はトルコ人です。 |
| トオキョウルユム
Tokyoluyum. | 私は東京出身です。 | オオサカルユム
Osakalıyım. | 私は大阪出身です。 |

▌2. 自己紹介の表現

出身	ネレリスィン　　　　ネレリスィニス Nerelisin? / Nerelisiniz?	出身はどちら（ですか）？
	キョオトルユム Kyotoluyum.　京都出身です。	イスタンブルルユム İstanbulluyum.　イスタンブル出身です。
年齢	カチ　ヤシュンダスン　　カチ　ヤシュンダスヌス Kaç yaşındasın? / Kaç yaşındasınız?	年齢はおいくつ（ですか）？
	オトゥズ　　　　　　ヤシュンダユム Otuz (30) yaşındayım.　30歳です。

学業	Hangi bölümde okuyorsun / okuyorsunuz?	専攻は何（ですか）？
	ハンギ ボリュムデ オクヨルスン オクヨルスヌス	
	Mühendislik okuyorum.	工学部です。
	ミュヘンディスリッキ オクヨルム	
	Dilbilim okuyorum.	言語学部です。
	ディルビリム オクヨルム	
職業	Ne iş yapıyorsun / yapıyorsunuz?	お仕事は何（ですか）？
	ネ イシ ヤブヨルスン ヤブヨルスヌス	
	Eczacıyım.	薬剤師です。
	エズザージュユム	
	Devlet memuruyum.	公務員です。
	デヴレット メームルユム	
	Japon firmasında çalışıyorum.	日本企業で働いています。
	ジャポン フィルマスンダ チャルシュヨルム	
住まい	Japonya'da nerede oturuyorsun?	日本ではどこに住んでいるの？
	ジャポンヤダ ネレデ オトゥルヨルスン	
	Osaka'da oturuyorum.	大阪に住んでるよ。
	オオサカダ オトゥルヨルム	
	İstanbul'da nerede kalıyorsunuz?	イスタンブルではどこに滞在しているのですか？
	イスタンブルダ ネレデ カルヨルスヌス	
	Şişli'de kalıyorum.	シシリ地区に滞在しています。
	シシリ デ カルヨルム	

⊙ oturuyorsun, oturuyorum は「長期間住んでいる」、kalıyorsunuz, kalıyorum は「短期間滞在
している」。

単語

İstanbullu イスタンブル出身者 ／ kaç いくつ（の） ／ hangi どの ／
（イスタンブルル）　　　　　　　　（カチ）　　　　　　（ハンギ）
bölüm （大学の）学部、（会社の）部 ／ -de ～で ／ mühendislik 工学 ／
（ボリュム）　　　　　　　　　　　　　　　　　　　（ミュヘンディスリッキ）
dilbilim 言語学 ／ Japonya 日本 ／ nerede どこで ／
（ディルビリム）　　　（ジャポンヤ）　　　　（ネレデ）
Şişli シシリ（ヨーロッパ側の新市街近くの住宅街）
（シシリ）

イスタンブル中心部マップ　○主な地区名　●主な観光名所

音声に続いて発音してみましょう

🔊 2-3

| Fehmi
フェヒミ | Merhaba.
メルハバ
こんにちは。 |
| Gülsüm
ギュルスュム | Merhaba.
メルハバ
こんにちは。 |

チューリップはトルコの国花

| Fehmi
フェヒミ | Benim ismim Fehmi. Ankaralıyım.
ベニム　イスミム　フェヒミ　アンカラルユム
Üçüncü sınıf öğrencisiyim.
ユチュンジュ スヌフ オーレンジスィイム
私の名前はフェヒミです。アンカラ出身です。
3年生です。 |

発音のポイント①
ü は、両唇を思いきり
つぼめて前に突き出
し、「ユ」と発声します。
Üçüncü
ユチュンジュ

| Gülsüm
ギュルスュム | Benim adım da Gülsüm.
ベニム　アドゥム ダ　ギュルスム
Ben de Ankaralıyım.
ベン　デ　アンカラルユム
私の名前はギュルスムです。
私もアンカラ出身です。 |

発音のポイント②
ö は「エ」の口の構え
で、「オ」と発音します。
öğrenci
オーレンジ

| Fehmi
フェヒミ | Tanıştığımıza memnun oldum.
タヌシトゥウムザ　メムヌン　　オルドゥム
お会いできてうれしいです。 |

発音のポイント③
ğ(ユムシャック ゲー)の
文字は直前の母音を
伸ばします。
öğrenci
オーレンジ

| Gülsüm
ギュルスュム | Ben de memnun oldum.
ベン　デ　メムヌン　　オルドゥム
私もお会いできてうれしいです。 |

4 応用会話を 聴いてみましょう

▌日常会話 ♪))

日本人のミサキが、トルコ人に自己紹介をしています。

Misaki | Merhaba. Adım Misaki.
メルハバ　アドゥム

Osaka Üniversitesinde İktisat
ユニヴェルスィテスィンデ　イクティサート

okuyorum.
オクヨルム

Japonya'da Kyoto'da oturuyorum.
ジャポンヤダ　　　　　　　　オトゥルヨルム

Tanıştığımıza çok memnun oldum.
タヌシトゥウムザ　チョック　メムヌン　オルドゥム

こんにちは。ミサキです。

大阪大学で経済学を勉強してます。

日本では京都に住んでいます。

どうぞよろしくお願いします。

▌ビジネス 💼

Asya（女性）が中途採用の面接にきたÖmer（男性）と会話をしています。

Asya | Merhaba Ömer Bey, adım Asya.
アスヤ　　　メルハバ　　オメル　ベイ　アドゥム　アスヤ

İnsan Kaynakları Müdürüyüm.
インサン　カイナックラル　　ミュデュリュユム

Ömer | Merhaba Asya Hanım, adım Ömer.
オメル　　メルハバ　アスヤ　ハヌム　アドゥム　オメル

Asya | Şimdi Japon firmasında
アスヤ　　シムディ　ジャポン　フィルマスンダ

çalışıyorsunuz, değil mi?
チャルシュヨルスヌス　デイル　ミ

Ömer | Evet, orada Kalite Bölümünde
オメル　　エヴェット　オラダ　カリテ　ボリュミュンデ

çalışıyorum.
チャルシュヨルム

こんにちはオメルさん、アスヤです。

人事課長です。

こんにちはアスヤさん、オメルです。

今は日本企業で働いておられるのですね?

はい、そこの品質部で働いています。

単 語

iktisat 経済学 ／ üniversite 大学 ／ insan kaynakları 人事課 ／ müdür 課長 ／
イクティサート　　　　　　ユニヴェルスィテ　　　　　　　インサン　カイナックラル　　　　　　　　　ミュデュル

değil mi? ～ですよね? ／ kalite bölümü 品質部
デイル　ミ　　　　　　　　　　　カリテ　ボリュミュ

ステップ
5 練習しましょう

🔊 2-5

▌ 次の文を日本語に訳し、文をノートに書いて覚えましょう。

♪ 日常会話

a | Nerelisiniz?
　　ネレリスィニス
　　- Japonum.
　　ジャポヌム
b | Üniversite ikinci sınıf öğrencisiyim.
　　ユニヴェルスィテ　イキンジ　スヌフ　オーレンジスィイム
c | 90'lıyım.
　　ドクサンルユム
d | Öğrenci değilim. Çalışıyorum.
　　オーレンジ　　デイリム　　　チャルシュヨルム

📂 ビジネス

a | Merhaba, ben Shota. Memnun oldum.
　　メルハバ　　　ベン　　　　　　メムヌン　　オルドゥム
b | Hangi bölümde çalışıyorsun?
　　ハンギ　　ボリュムデ　　チャルシュヨルスン
c | Satış ve Pazarlama Bölümünde çalışıyorum.
　　サトゥシ ヴェ　パザルラマ　　　ボリュミュンデ　　チャルシュヨルム
d | Ankara'da nerede kalıyorsunuz?
　　アンカラダ　　　ネレデ　　カルヨルスヌズ
　　- Kızılay'da bir otelde kalıyorum.
　　クズライダ　ビ(ル)　オテルデ　　カルヨルム

単語

nereli どこの出身 ／ sınıf 学年 ／ hangi どの ／ çalışmak 働く ／ nerede どこで ／
ネレリ　　　　　　　　スヌフ　　　　　　ハンギ　　　　　チャルシマック　　　　　　ネレデ
kalmak 滞在する ／ satış ve pazarlama bölümü セールス＆マーケティング部 ／
カルマック　　　　　　　サトゥシ ヴェ　パザルラマ　　ボリュミュ
Kızılay クズライ (アンカラの中心地)
クズライ

答え　日常会話　a | 出身はどちらですか？ - 日本人です。 b | 大学2年生です。 c | 90歳です。 d | 私は学生ではありません。私は働いています。　ビジネス　a | こんにちは、私はショウタです。はじめまして。 b | あなた（敬称）はどの部署で働いていますか？ c | 私はセールス＆マーケティングの部署で働いています。 d | アンカラでどこに滞在していますか？ - クズライのホテルに滞在しています。

Ders 3
予定を述べる

ステップ **1** | まずは全体を
聴いてみましょう

🔊 3-1

メティン（Metin 男性）とアイシェ（Ayşe 女性）が、明日の予定について話しています。

Metin メティン	メルハバ アイシェ Merhaba Ayşe こんにちは、アイシェ。

ベシクタシの船着場

Ayşe アイシェ	メルハバ Merhaba. こんにちは。

Metin メティン	ヤルン イチン ヘルハンギ ビ(ル) ピラヌン ヴァル ム Yarın için herhangi bir planın var mı? 明日何か予定があるの？

Ayşe アイシェ	エヴェット サバハ エルケンデン ベシクタシャ ギトメイ デュシュニュヨルム Evet. Sabah erkenden Beşiktaş'a gitmeyi düşünüyorum. オーレデン ソンラ ダ ランデヴム ヴァル Öğleden sonra da randevum var. ええ、あるわ。朝早くからベシクタシ*に行こうと思ってるの。 午後も約束があるわ。

Metin メティン	ペキ アクシャム イチン ビ(ル) ピラヌン ヴァル ム Peki, akşam için bir planın var mı? じゃ、夜の予定は？

Ayşe アイシェ	ハユル ヨック ネデン Hayır, yok. Neden? いえ、ないわ。どうして？

*ヨーロッパ側のボスポラ
ス海峡沿いの、学生も多く
住む活気のある地区

ステップ

2 語彙と文法

単語と表現

このまま覚えるフレーズ
Evet. エヴェット	はい。	Hayır. ハユル	いいえ。	
var ヴァル	ある	〜 var mı? ヴァル ム	〜がありますか？	
yok ヨック	ない	〜 yok mu? ヨック ム	〜はないのですか？	Neden? ネデン なぜ？

動詞
| gitmek ギト メッキ | 行く | düşünmek デュシュン メッキ | 思う、考える |

時に関する単語
sabah サバハ	朝	öğle オーレ	正午	akşam アクシャム	夕方	gece ゲジェ	夜
öğleden önce オーレデン オンジェ	午前		öğleden sonra オーレデン ソンラ	午後			
bugün ブギュン	今日	yarın ヤルン	明日	dün デュン	昨日	şimdi シムディ	今

学ぶ内容

1.「私の〜」、「きみの〜」、「あなたの〜」

名詞が母音で終わるか子音で終わるかによって、2つのパターンがあります。

1│名詞が母音で終わる場合（太字部分の母音iが母音調和します）

私の〜： 〜-m　きみの〜： 〜-n　あなたの〜： 〜-niz

例　会議　toplantı トプラントゥ
| toplantim トプラントゥム | 私の会議 | toplantın トプラントゥン | きみの会議 | toplantınız トプラントゥヌズ | あなたの会議 |

例　約束、アポイント　randevu ランデヴ
| randevum ランデヴム | 私の約束 | randevun ランデヴン | きみの約束 | randevunuz ランデヴヌズ | あなたの約束 |

Yarın toplantım var. ヤルン トプラントゥム ヴァル　　明日は私の会議があります。
Bugün radevum yok. ブギュン ランデヴム ヨック　　今日は私の約束はないです。

→ 母音調和は10ページ。

2 │ 名詞が子音で終わる場合

私の〜：〜 -im　きみの〜：〜 -in　あなたの〜：〜 -iniz

│ 例　用事、仕事　iş〔イシ〕

│　│ işim〔イシム〕　　私の用事　│ işin〔イシン〕　　きみの用事　│ işiniz〔イシニズ〕　あなたの用事

│ 例　予定　plan〔ピラン〕

│　│ planım〔ピラヌム〕　私の予定　│ planın〔ピラヌン〕　きみの予定　│ planınız〔ピラヌヌズ〕　あなたの予定

│ Yarın planım var.〔ヤルン ピラヌム ヴァル〕　　明日は私の予定があります。
│ Bugün işim yok.〔ブギュン イシム ヨック〕　　今日は私の用事はありません。

▌2. var「ある」、yok「ない」とその疑問形

var「ある」〔ヴァル〕、yok「ない」〔ヨック〕は人にも物にも使うことができます。

│ Ekmek var.〔エキメッキ ヴァル〕　　　　パンがある。
│ Ekmek var mı?〔エキメッキ ヴァル ム〕　パンはあるの？　│ Evet, var.〔エヴェット ヴァル〕　　はい、あります。
│ Mehmet Bey yok.〔メフメット ベイ ヨック〕　メフメットさんはいません。

▌3.「〜しようと思っている」、「〜する予定です」

│ Beşiktaş'a gitmeyi düşünüyorum.〔ベシクタシャ ギトメイ デュシュニュヨルム〕　　　私はベシクタシに行こうと思っている。
│ Bu akşam Japon yemeği yapmayı planlıyorum.〔ブ アクシャム ジャポン イェメイ ヤプマユ ピランルヨルム〕　私は今晩日本料理を作る予定です。

　⮕　直前の動詞によって、-meyi〔メイ〕または -mayı〔マユ〕のように母音調和します。

│ Aileme hediye almayı düşünüyorum.〔アイレメ ヘディイェ アルマユ デュシュニュヨルム〕　（私の）家族にお土産を買おうと思います。

（単語）

ekmek〔エキメッキ〕パン ／ gitmek〔ギトメッキ〕行く ／ Japon yemeği〔ジャポン イェメイ〕日本料理 ／ yapmak〔ヤプマック〕する、作る ／ aile〔アイレ〕家族 ／ aileme〔アイレメ〕私の家族に ／ hediye〔ヘディイェ〕お土産 ／ almak〔アルマック〕買う

コラム　自分の名前をトルコの県名で伝える？！

電話などで名前を伝えるとき、トルコにはユニークな習慣があり、わかりにくい綴りのアルファベットを、県名を使って伝えます。例えば、相手が予約名のミサキをうまく聞き取れない場合は、"Manisa, İstanbul, Samsun, Ankara, Kayseri, İstanbul"〔マニサ　イスタンブル　サムスン　アンカラ　カイセリ　イスタンブル〕のように伝えます。頭文字をとってMİSAKİとなるわけです。メールアドレスを口頭で伝えるときも、地名を使って伝えることがあります。ちなみに、.comは「ノクタ コム」と言います。これも覚えておきましょう。

ステップ 3 音声に続いて発音してみましょう ◀)) 3-3

Metin メティン	Merhaba Ayşe. メルハバ　　アイシェ こんにちは、アイシェ。	
Ayşe アイシェ	Merhaba. メルハバ こんにちは。	
Metin メティン	Yarın için herhangi bir planın var mı? ヤルン　イチン ヘルハンギ　ビ(ル) ピラヌン ヴァルム 明日何か予定があるの？	**発音のポイント①** 会話では bir の -r が落ちて、「ビ」と聞こえます。
Ayşe アイシェ	Evet. Sabah erkenden Beşiktaş'a エヴェット サバハ　エルケンデン　　ベシクタシャ gitmeyi düşünüyorum. ギトメイ　　デュシュニュヨルム Öğleden sonra da randevum var. オーレデン　　ソンラ　ダ　ランデヴム　　　ヴァル ええ、あるわ。朝早くからベシクタシに行こうと思ってるの。 午後も約束があるわ。	**発音のポイント②** 疑問文 var mı? では mı の直前の var でメロディーが上昇します。 **発音のポイント③** var の語末の -r は摩擦音になり、「シュ」のように聞こえることがあります。
Metin メティン	Peki, akşam için bir planın var mı? ペキ　アクシャム イチン ビ(ル) ピラヌン ヴァル ム じゃ、夜の予定は？	
Ayşe アイシェ	Hayır, yok. Neden? ハユル　　ヨック ネデン いえ、ないわ。どうして？	**発音のポイント④** var はしばしば「ワル」のように聞こえます。

ステップ 4 応用会話を聴いてみましょう

🔊 3-4

日常会話 🔊

Defne（女性）が İnan（男性）と朝食を食べながら、今日の予定を尋ねています。

Defne	İnan, sen bugün nereye gitmeyi planlıyorsun?	イナン、今日どこに行く予定なの？
İnan	Kadıköy'ü gezmeyi düşünüyorum.	カドゥキョイを散策しようと思ってる。
Defne	Çok güzel. İstanbul Kartın var mı?	いいね。「イスタンブルカード」*持ってる？
İnan	Evet, var.	うん、持ってるよ。

ビジネス 💼

Mustafa（男性）が上司の Ayşe（女性）に来週の仕事の予定を尋ねています。

Mustafa	Haftaya iş seyahatiniz var mı?	来週は出張はありますか？
Ayşe	Evet, var.	あります。
	Pazartesi Ankara'ya gitmeyi düşünüyorum.	月曜日にアンカラに行こうと思っています。
Mustafa	Peki. İyi yolculuklar.	承知しました。お気をつけて。

単語

nereye どこへ ／ Kadıköy'ü gezmek カドゥキョイを散策する ／ güzel 良い ／
İstanbul Kartı イスタンブルカード（交通系ICカード）／ haftaya 来週 ／
iş seyahati 出張 ／ pazartesi 月曜日 ／ Peki. わかりました。

*イスタンブルの公共交通機関で使えるICカード。

🔊 3-5

▎次の文を日本語に訳し、文をノートに書いて覚えましょう。

🎵 日常会話

a｜ アドゥム
Adım Yuko Suzuki. Rezervasyonum var.
レゼルヴァスヨヌム　ヴァル

b｜ パサポルトゥヌズ　ヴァル　ム
Pasaportunuz var mı?
　　エヴェット ヴァル
　　- Evet, var.

c｜ ヤルン イチン ピラヌム ヴァル　アヤソフヤヤ　ギトメイ　デュシュニュヨルム
Yarın için planım var. Ayasofya'ya gitmeyi düşünüyorum.

d｜ ジュズダヌム　ヨック
Cüzdanım yok.

 ビジネス

a｜ ヤルン　トプラントゥム　ヴァル
Yarın toplantım var.

b｜ フェヒミ　ベイ　オーレデン　ソンラ　ザマヌヌズ　ヴァル　ム
Fehmi Bey, öğleden sonra zamanınız var mı?

c｜ ジャポンヤダ　シューベニズ ヴァル ム
Japonya'da şubeniz var mı?
　　ハユル　ヨック
　　- Hayır, yok.

d｜ アイシェ　ハヌム　イレ　ランデヴム　ヴァル
Ayşe Hanım ile randevum var.

（単 語）

アド　　　　　　レゼルヴァスヨン　　　　パサポルト　　　　ヤルン　　　ピラン
ad 名前 ／ rezervasyon 予約 ／ pasaport パスポート ／ yarın 明日 ／ plan 予定
　　　ジュズダン　　　　　トプラントゥ　　　オーレデン　ソンラ　　ザマン
／ cüzdan 財布 ／ toplantı 会議 ／ öğleden sonra 午後 ／ zaman 時間 ／
ジャポンヤダ　　　　　シューベ　　　　ランデヴ
Japonya'da 日本に ／ şube 支店 ／ randevu アポイント

Ders 4
希望を述べる

4

ステップ
1

まずは全体を
聴いてみましょう

🔊 4-1

ホテルのフロント係（resepsiyon）が宿泊客（müşteri）に希望を聞いています。
レセプスィヨン　　　　　　　　　　ミュシテリ

Müşteri 宿泊客	メルハバ　　テッキ キシリッキ ビ（ル）　オダ　イスティヨルム　イエリニズ ヴァル　ム Merhaba. Tek kişilik bir oda istiyorum. Yeriniz var mı? こんにちは。シングルの部屋が希望なんですが。お部屋は空いていますか？
Resepsiyon フロント係	エヴェット エフェンディム　ナスル ビ（ル）　オダ　イステルスィニス Evet efendim. Nasıl bir oda istersiniz? ございます。どんなお部屋がよろしいでしょうか。
Müşteri 宿泊客	ミュミキュンセ　ビリンジ　カッタ ビ（ル）　オダ　イスティヨルム Mümkünse birinci katta bir oda istiyorum . できれば、2階の部屋をお願いします。
Resepsiyon フロント係	ビ　ダキーカ　リュトフェン　エヴェット イステディイニズ　ギビ ビ（ル）　オダムズ　ヴァル Bir dakika lütfen... Evet, istediğiniz gibi bir odamız var. しばらくお待ちください……ご希望のとおりのお部屋がございます。
Müşteri 宿泊客	チョック ギュゼル　ヘメン　イェルレシメッキ イスティヨルム Çok güzel. Hemen yerleşmek istiyorum. それはよかった。すぐにチェックインしたいです。
Resepsiyon フロント係	エルベッテ　　　ブユルン　スィズィ オダヌザ　カダル　ギョテュレイム Elbette. Buyurun, sizi odanıza kadar götüreyim. かしこまりました。どうぞ、お部屋までご案内いたします。

ステップ

2 　語彙と文法

単 語 と 表 現

▎ 宿泊に関連する単語

oda <small>オダ</small>	部屋	yer <small>イェル</small>	場所、空室
tek kişilik <small>テッキ キシリッキ</small>	1人用の	tek kişilik oda <small>テッキ キシリッキ オダ</small>	シングルルーム
çift kişilik <small>チフト キシリッキ</small>	2人用の	çift kişilik oda <small>チフト キシリッキ オダ</small>	ダブルルーム
iki yataklı oda <small>イキ ヤタックル オダ</small>	ツインルーム	anahtar <small>アナフタル</small>	鍵
zemin kat <small>ゼミン カット</small>	地上階(日本の1階)	birinci kat <small>ビリンジ カット</small>	(日本の)2階

▎ 動詞

istemek <small>イステメッキ</small>	欲しい	yerleşmek <small>イェルレシメッキ</small>	落ち着く	götürmek <small>ギョテュルメッキ</small>	連れて行く

▎ 希望を表すときの表現

~istiyorum <small>イスティヨルム</small>	(私は)~が欲しいです、~したいです
Nasıl bir oda istersiniz? <small>ナスル ビ(ル) オダ イステルスィニス</small>	どのような部屋をご希望ですか?

▎ このまま覚えるフレーズ

Bir dakika. <small>ビ(ル) ダキーカ</small>	ちょっと待って。	Lütfen. <small>リュトフェン</small>	お願いします。	Mümkünse <small>ミュミキュンセ</small>	できれば
Elbette. <small>エルベッテ</small>	もちろん。	Buyurun. <small>ブユルン</small>	どうぞ。		

efendim <small>エフェンディム</small>	丁寧に言いたい時、聞き返す時、電話の応答時に使われます。
Efendim? <small>エフェンディム</small>	何でしょうか?
Efendim? <small>エフェンディム</small>	もしもし。(応答)
Kahvaltı dahil mi? <small>カフヴァルトゥ ダーヒル ミ</small>	朝食は含まれていますか?

学 ぶ 内 容

▎ 1. ~ istiyorum 「私は~が欲しい、私は~がしたい」
<small>イスティヨルム</small>

1 ▎ 名詞 + istiyorum　私は~が欲しい、~を希望する
<small>イスティヨルム</small>

Tek kişilik bir oda istiyorum. <small>テッキ キシリッキ ビ(ル) オダ イスティヨルム</small>	(私は)シングルルームを希望します。
Nasıl bir yemek istersiniz? <small>ナスル ビ(ル) イェメッキ イステルスィニス</small>	(あなたは)どのような食事をご希望ですか?
Türk yemeği istiyorum. <small>テュルク イェメイ イスティヨルム</small>	(私は)トルコ料理がいいです。
Sıcak su istiyorum. <small>スジャック ス イスティヨルム</small>	お湯が欲しいです。

2 | 動詞 + istiyorum　私は〜したい

| Türkiye'ye gitmek istiyorum.
（テュルキイェイェ　ギトメッキ　イスティヨルム）
トルコに行きたいです。

| Hemen yerleşmek istiyorum.
（ヘメン　イェルレシメッキ　イスティヨルム）
すぐにチェックインしたいです。

| Biraz uyumak istiyorum.
（ビラズ　ウユマック　イスティヨルム）
少し寝たいです。

⊖ 動詞の不定形は、直前の母音によって -mek または -mak のように母音調和します。

▌2. 形容詞 bir 名詞「〜な〜」

この場合、bir には「一つ」の意味はありません。基本的な形容詞をペアにして覚えましょう。

| güzel bir kadın（ギュゼル　ビ(ル)　カドゥン）　きれいな女性
| soğuk bir içecek（ソウク　ビ(ル)　イチェジェッキ）　冷たい飲み物
| büyük bir otel（ビュユック　ビ(ル)　オテル）　大きなホテル

| kötü bir haber（キョテュ　ビ(ル)　ハベル）　悪いニュース
| sıcak bir çorba（スジャック　ビ(ル)　チョルバ）　温かいスープ
| küçük bir bavul（キュチュック　ビ(ル)　バヴル）　小さいスーツケース

(単語)

su 水（ス） / yemek 食事（名詞）（イエメッキ） / biraz 少し（ビラズ） / uyumak 眠る（ウユマック） / haber ニュース、知らせ（ハベル） / içecek 飲み物（イチェジェッキ） / çorba スープ（チョルバ） / otel ホテル（オテル） / bavul スーツケース（バヴル） / sıcak（スジャック） su お湯（ス） / anahtar 鍵（アナフタル） / kahvaltı 朝食（カフヴァルトゥ） / dahil 含まれている（ダーヒル） ⇔ hariç 含まれない（ハーリチ）

コラム

いつでも
どこでも
チャイ

çay チャイはトルコ語で紅茶のこと。トルコのチャイは基本的にストレートで出され、好みに応じて砂糖を入れて飲みます。トルコの生活では、朝も、食後も、夜の家族の団欒も、仕事の打ち合わせでも、チャイが欠かせません。ふと立ち寄ったお土産物やさんでも、少し話が弾んだら、「チャイ飲む？ Çay içmek ister misin?（チャイ）（イチメッキ　イステル　ミスィン）」と聞かれることがよくあります。

グラスで飲むのが一般的

一杯の量はさほど多くないのですが、さすがにたくさんチャイを飲むと、トイレも心配だし……と思うこともあるかもしれません。その時は、お腹いっぱいというジェスチャーをして、Teşekkür ederim.（テシェッキュル　エデリム）と言って断りましょう。チャイはトルコの人々のおもてなしの一つなのです。

音声に続いて
発音してみましょう

🔊 4-3

Müşteri 宿泊客	Merhaba. Tek kişilik bir oda istiyorum. Yeriniz var mı? メルハバ　　　テッキ キシリッキ ビ(ル) オダ イスティヨルム イェリニズ ヴァル ム こんにちは。シングルの部屋が希望なんですが。 お部屋は空いていますか？	
Resepsiyon フロント係	Evet efendim. Nasıl bir oda istersiniz? エヴェット エフェンディム　ナスル ビ(ル) オダ イステルスィニス ございます。どんなお部屋がよろしいでしょうか。	
Müşteri 宿泊客	Mümkünse birinci katta bir oda istiyorum. ミュミキュンセ　　ビリンジ カッタ　ビ(ル) オダ　イスティヨルム できれば、2階の部屋をお願いします。	
Resepsiyon フロント係	Bir dakika lütfen... Evet, ビ(ル) ダッカ　リュトフェン エヴェット istediğiniz gibi bir odamız var. イステディイニズ ギビ　ビ(ル) オダムズ　ヴァル しばらくお待ちください…… ご希望のとおりのお部屋がございます。	**発音のポイント①** ビ(ル)　ダキーカ bir dakika の dakika は「ダッカ」と発音され ることがあります。
Müşteri 宿泊客	Çok güzel. Hemen yerleşmek istiyorum. チョック ギュゼル ヘメン　　イェルレシメッキ イスティヨルム それはよかった。すぐにチェックインしたいです。	
Resepsiyon フロント係	Elbette. Buyurun, sizi odanıza エルベッテ ブユルン　　スィズィ オダヌザ kadar götüreyim. カダル　ギョテュレイム かしこまりました。 どうぞ、お部屋までご案内いたします。	**発音のポイント②** ブユルン buyurun は「ブイル ン」と発音されることが あります。

応用会話を聴いてみましょう

🔊 4-4

▌日常会話 🔊

Ata（男性）とTuğba（女性）は、一緒に昼食を食べに来ました。

Ata	Ne yemek istersin, Tuğba?	トゥーバ、何が食べたい？
Tuğba	Izgara köfte istiyorum.	キョフテのグリルが食べたいな。
Ata	Ben de köfte yiyeceğim.	ぼくもキョフテにする。
	Ne içmek istersin?	何飲む？
Tuğba	Soğuk bir ayran içmek istiyorum.	冷たいアイランが飲みたいわ。

▌ビジネス 💼

Serap（女性）はホテルをチェックアウトしようとしています。

Resepsiyon	Nasıl ödemek istersiniz?	お支払い方法はどうされますか？
Serap	Kredi kartı ile ödemek istiyorum.	クレジットカードで支払いたいです。
Resepsiyon	Peki efendim.	かしこまりました。
	Fatura ister misiniz?	領収書は要りますか？
Serap	Evet, lütfen.	はい、お願いします。

（単語）

yemek 食べる ／ ızgara グリル料理 ／ köfte キョフテ（トルコ風肉団子）／
yiyeceğim 私は食べるつもりだ（→ Ders 9）／ ayran ヨーグルトドリンク ／
içmek 飲む ／ ödemek 支払う ／ kredi kartı クレジットカード ／ ile 〜で（手段）／
peki わかりました ／ fatura 領収書 ／ lütfen お願いします

ステップ

5 練習しましょう

🔊 4-5

▌ 次の文を日本語に訳し、文をノートに書いて覚えましょう。

♪)) 日常会話

a | テッキ キシリッキ ビ(ル) オダ デイル チフト キシリッキ ビ(ル) オダ イスティヨルム
Tek kişilik bir oda değil, çift kişilik bir oda istiyorum.

b | レゼルヴァスヨン ヤプマック イスティヨルム
Rezervasyon yapmak istiyorum.

c | スジャック ビ(ル) シェイ イチメッキ イステル ミスィン エヴェット イステリム
Sıcak bir şey içmek ister misin? - Evet, isterim.

d | ポリスィ チャウラビリル ミスィニス リュトフェン
Polisi çağırabilir misiniz, lütfen?

🗂 ビジネス

a | パザルラマ ミュデュリュ ジャン ベイ イレ ギョリュシメッキ イスティヨルム
Pazarlama Müdürü Can Bey ile görüşmek istiyorum.

b | ユルト ドゥシュンダ チャルシマック イステル ミスィニス
Yurt dışında çalışmak ister misiniz?

c | ボリュミュ デイシティルメッキ イスティヨルム
Bölümü değiştirmek istiyorum.

d | ゾル ビ(ル) イシニス ヴァル
Zor bir işiniz var.

⸜ 単 語 ⸝

レゼルヴァスヨン ヤプマック　　　　　　　　　　　　　　　スジャック　　　　　　　　シェイ　　　　　イチメッキ
rezervasyon yapmak 予約をする ／ sıcak 熱い（温かい）／ şey もの ／ içmek 飲む
ポリスィ チャウルマック　　　　　　　　ユルト ドゥシュンダ　　　　　　ボリュム
／ polisi çağırmak 警察を呼ぶ ／ yurt dışında 海外で ／ bölüm 部署、学部 ／
デイシティルメッキ　　　　　　ゾル　　　　イシ
değiştirmek 変える ／ zor 難しい ／ iş 仕事

Ders 5
場所についてたずねる

ステップ
1 まずは全体を
聴いてみましょう

🔊 5-1

大学構内でアイドゥン（Aydın 男性）がセルダ（Selda 女性）にイスマイル先生の居場所を尋ねています。

Aydın アイドゥン	イスマイル　ホジャユ　　アルヨルム　　シュ　アンダ　オクルダ　ム İsmail Hoca'yı arıyorum. Şu anda okulda mı? イスマイル先生を探しています。今学内にいらっしゃいますか？
Selda セルダ	エヴェット　オクルダ　　ビラズ　オンジェ　ギョルデュム Evet, okulda. Biraz önce gördüm. はい、学内にいらっしゃいます。先ほど見ました。
Aydın アイドゥン	シュ　アンダ　　ネレデ　　ビリヨル　　ムスヌズ Şu anda nerede, biliyor musunuz? 今どこにいらっしゃるか、ご存じですか？
Selda セルダ	オクルン　　トプラントゥ　　サロヌンダ Okulun toplantı salonunda. 大学の会議室にいらっしゃいます。
Aydın アイドゥン	オイレ　ミ　　トプラントゥ　サロヌ　　ネレデ Öyle mi? Toplantı salonu nerede? そうですか。会議室はどこですか？
Selda セルダ	アナ　　ビナーヌン　　ユチュンジュ　カトゥンダ Ana binanın üçüncü katında. 本館の四階です。
Aydın アイドゥン	テシェッキュル　　エデリム Teşekkür ederim. ありがとうございます。

ステップ 2　語彙と文法

┌─────────────┐
│ 単 語 と 表 現 │
└─────────────┘

▎動詞と現在形

アラマック aramak	探す		アルヨルム arıyorum	私は探している
ビル メッキ bilmek	知る		ビリヨルム biliyorum	私は知っている

▎場所など

オクル okul	学校	イルコクル ilkokul	小学校	オルタオクル ortaokul	中学校	リセ lise	高校

| トプラントゥ　サロヌ トプラントゥ　オダス
toplantı salonu / toplantı odası　会議室 | | ビナー
bina　建物 | ネレデ
nerede　どこで |

| 名前＋Hoca　（教師や医者などに対して） | イスマイル　ホジャ
İsmail Hoca　イスマイル先生 |

┌─────────────┐
│ 学 ぶ 内 容 │
└─────────────┘

▎1. 動詞の現在形「～している、～する」

| 私は～している　動詞の語幹＋ -iyorum | きみは～している　動詞の語幹＋ -iyorsun |

| あなた / あなた方は～している　動詞の語幹＋ -iyor-sunuz |

⊖　太字部分は直前の母音に応じて母音調和します。（母音調和は10-11ページ参照）

ビルメッキ bilmek　知る	イスマイル　ホジャユ　ビリヨルム İsmail Hoca'yı biliyorum.	イスマイル先生を知っています。
	ビリヨルスン (sen) biliyorsun.	きみは知っている。
	ビリヨルスヌス (siz) biliyorusnuz.	あなた（方）は知っている。
アラマック aramak　探す	イスマイル　ホジャユ　アルヨルム İsmail Hoca'yı arıyorum.	イスマイル先生を探しています。
	アルヨルスン (sen) arıyorsun.	きみは探している。
	アルヨルスヌス (siz) arıyorsunuz.	あなた（方）は探している。

> 🖊 知って
おこう
>
> ビルメッキ　　アラマック
bilmekやaramakなど、最後が -mek で終わる形を動詞の「不定形」と言い、bil- や ara- など、-mek より前の部分を、「動詞の語幹」と呼びます。aramak のように語幹が母音で終わるときは、最後の母音をとって -iyorum をつけます。

現在形の疑問文

Ders 3で学んだ「疑問を表す mi」を使って、現在形の疑問文を作ることができます。

「きみ」に対して：-iyor musun?「あなた / あなた方」に対して：-iyor musunuz?

<ruby>İsmail<rt>イスマイル</rt></ruby> <ruby>Hoca'yı<rt>ホジャユ</rt></ruby> <ruby>biliyor<rt>ビリヨル</rt></ruby> <ruby>musun?<rt>ムスン</rt></ruby>　　きみはイスマイル先生を知っている？

<ruby>Ara<rt>アラ</rt></ruby> <ruby>sıra<rt>スラ</rt></ruby> <ruby>Türkiye'ye<rt>テュルキエイェ</rt></ruby> <ruby>geliyor<rt>ゲリヨル</rt></ruby> <ruby>musunuz?<rt>ムスヌズ</rt></ruby>　トルコへは時々来られますか？

▌ 2. 場所の名詞＋-de「〜で、〜に」

場所の名詞＋-de で、場所の表現「〜で、〜に」になります。

| <ruby>evde<rt>エヴデ</rt></ruby> | 家で | <ruby>binada<rt>ビナーダ</rt></ruby> | ビルで | <ruby>toplantıda<rt>トプラントゥダ</rt></ruby> | 会議中で |
| <ruby>Türkiye'de<rt>テュルキイェデ</rt></ruby> | トルコで | <ruby>Japonya'da<rt>ジャポンヤダ</rt></ruby> | 日本で | | |

⊙ 固有名詞は、de の前にアポストロフィー（'）をつけます。

自分の居場所を言う　名詞＋-deyim「（私は）〜にいます」

<ruby>Şimdi<rt>シムディ</rt></ruby> <ruby>oteldeyim.<rt>オテルデイム</rt></ruby>　今、私はホテルにいます。　| <ruby>Okuldayım.<rt>オクルダユム</rt></ruby>　私は学校にいます。

居場所などを尋ねる　名詞＋-de mi?「〜にいますか？」

<ruby>İsmail<rt>イスマイル</rt></ruby> <ruby>Hoca<rt>ホジャ</rt></ruby> <ruby>okulda<rt>オクルダ</rt></ruby> <ruby>mı?<rt>ム</rt></ruby>　　イスマイル先生は学内にいますか？

<ruby>Aydın<rt>アイドゥン</rt></ruby> <ruby>Bey<rt>ベイ</rt></ruby> <ruby>şu<rt>シュ</rt></ruby> <ruby>anda<rt>アンダ</rt></ruby> <ruby>ofiste<rt>オフィステ</rt></ruby> <ruby>mi?<rt>ミ</rt></ruby>　アイドゥンさんは今オフィスにいますか？

⊙ 場所を表す単語が p,f,t,s,ç,ş,k,h で終わるものは、-de ではなく -te（ofis-te）になります。

相手（sen または siz）の居場所を尋ねる　名詞＋de misin（iz）?
<ruby>セン<rt></rt></ruby>　　　　　　　　　　　　　　　　　　　　<ruby>デ<rt></rt></ruby> <ruby>ミスィン<rt></rt></ruby> <ruby>ニズ<rt></rt></ruby>

| <ruby>Londra'da<rt>ロンドラ</rt></ruby> <ruby>mısın?<rt>ダ ムスン</rt></ruby>　ロンドンにいるの？ | - <ruby>Evet,<rt>エヴェット</rt></ruby> <ruby>Londra'dayım.<rt>ロンドラ ダユム</rt></ruby>　うん、ロンドンにいる。 |
| <ruby>Kantinde<rt>カンティンデ</rt></ruby> <ruby>misiniz?<rt>ミスィニズ</rt></ruby>　食堂にいますか？ | - <ruby>Hayır,<rt>ハユル</rt></ruby> <ruby>dışarıdayım.<rt>ドゥシャルダユム</rt></ruby>　いいえ、外にいます。 |

（ 単 語 ）

<ruby>ara<rt>アラ</rt></ruby> <ruby>sıra<rt>スラ</rt></ruby> ときどき ／ <ruby>ev<rt>エヴ</rt></ruby> 家 ／ <ruby>şimdi<rt>シムディ</rt></ruby> 今 ／ <ruby>şu<rt>シュ</rt></ruby> <ruby>anda<rt>アンダ</rt></ruby> 今 ／ <ruby>ofis<rt>オフィス</rt></ruby> オフィス ／
<ruby>Londra<rt>ロンドラ</rt></ruby> ロンドン ／ <ruby>kantin<rt>カンティン</rt></ruby> 食堂 ／ <ruby>dışarı<rt>ドゥシャル</rt></ruby> 屋外

音声に続いて発音してみましょう

 🔊 5-3

Aydın アイドゥン	İsmail Hoca'yı arıyorum. イスマイル ホジャユ　アルヨルム Şu anda okulda mı? シュ アンダ　オクルダ　ム イスマイル先生を探しています。 今学内にいらっしゃいますか？
Selda セルダ	Evet, okulda. Biraz önce gördüm. エヴェット オクルダ　ビラズ　オンジェ ギョルデュム はい、学内にいらっしゃいます。先ほど見ました。
Aydın アイドゥン	Şu anda nerede, biliyor musunuz? シュ アンダ ネレデ　　ビリヨ　　ムスヌス 今どこにいらっしゃるか、ご存じですか？
Selda セルダ	Okulun toplantı salonunda. オクルン　トプラントゥ サロヌンダ 大学の会議室にいらっしゃいます。
Aydın アイドゥン	Öyle mi? Toplantı salonu nerede? オイレ　ミ　トプラントゥ サロヌ　ネレデ そうですか。会議室はどこですか？
Selda セルダ	Ana binanın üçüncü katında. アナ　ビナーヌン　ユチュンジュ カトゥンダ 本館の四階です。
Aydın アイドゥン	Teşekkür ederim. テシェッキュル エデリム ありがとうございます。

発音のポイント①
現在形 -iyorum の i のところにアクセントが置かれ、ア**ル**ヨルム、ビ**リ**ヨルムとなります。

発音のポイント②
-yor は -r がしばしば落ちて「ヨ」だけが聞こえ、biliyor musunuz は「ビ**リ**ヨ ムスヌス」のようになります。

発音のポイント③
場所を表す -de が付くと、アクセントは一般に de に移動して、katında は「カトゥン**ダ**」のように聞こえます。

応用会話を
聴いてみましょう

🔊 5-4

▌日常会話 ♪))

エジェ　　　　　　　　　　　　　　　　　　　　　　ギョレヴリ
Ece(女性)がフェリー乗り場で係員(görevli)に質問しています。

エジェ Ece	アッフェデルスィニス Affedersiniz.	すみません。
	オ ヴァプル エミニョニュネ ギディヨル ム O vapur Eminönü'ne gidiyor mu?	あの船はエミニョニュ行きですか？
ギョレヴリ Görevli	ハユル エミニョニュネ ギトミヨル Hayır, Eminönü'ne gitmiyor.	いいえ、エミニョニュ行きではありません。
	エミニョニュ セフェリ イレリデキ イスケレデン Eminönü seferi ilerideki iskeleden	エミニョニュ行きはこの先の船着場
	カルクヨル kalkıyor.	から出ます。

→ 動詞の否定形は、Ders 8で詳しく学びます。

▌ビジネス 💼

メリヒ　　　　　　　　オイキュ
Merih(男性)がÖykü(女性)に仕事の件で電話をしています。

メリヒ Merih	アロ オイキュ ネレデスィン Alo? Öykü, neredesin?	もしもし？　オイキュ、今どこにいるの？
オイキュ Öykü	エフェンディム メリヒ シュ アンダ Efendim Merih, şu anda	もしもし、メリヒ、今外出中よ。
	ドゥシャルダユム dışarıdayım.	
	ビル ミュシテリ イレ ギョリュシメイエ Bir müşteri ile görüşmeye	クライアントとの面談に行くところ。
	ギディヨルム gidiyorum.	
メリヒ Merih	タマーム コライ ゲルスィン Tamam. Kolay gelsin.	了解。お疲れ様。

→ 現在形は、進行中の動作「～している」のほかに、直近の確実な予定にも使います。

(単語)

アッフェデルスィニス　　　　　　　　　　ヴァプル　　　　　　　　エミニョニュ
affedersiniz すみませんが ／ vapur 船 ／ Eminönü エミニョニュ(地名) ／
ギトミヨル　　　　　　　　セフェル　　　　イレリ　　　　イスケレ　　　　　　　　カルクマック
gitmiyor 行かない ／ sefer 便 ／ ileri 前方 ／ iskele 船着場 ／ kalkmak 出発する
　　ミュシテリ　　　　　　　　　　　　　　ギョリュシメ　　　　　　　タマーム
／ müşteri 顧客、クライアント ／ görüşme 面談 ／ tamam 了解 ／
コライ　ゲルスィン
Kolay gelsin. お疲れ様

ステップ
5 練習しましょう

🔊 5-5

▌ 次の文を日本語に訳し、文をノートに書いて覚えましょう。

🎵 日常会話

a │ Taksim'e gidiyorum.
　　タクスィメ　　ギディヨルム

b │ Türkçe'yi az biliyorum.
　　テュルクチェイ　アズ　　ビリヨルム

c │ Pera Palas Oteli'ni arıyorum.
　　ペラ　　パラス　　オテリニ　　アルヨルム

d │ (telefonda) Neredesin?
　　テレフォンダ　　　ネレデスィン

　　- Kafede oturuyorum.
　　　カフェデ　　オトゥルヨルム

🏠 ビジネス

a │ Yılmaz Bey şu an ofis dışında.
　　ユルマズ　ベイ　シュ　アン　オフィス　ドゥシュンダ

b │ Sizden dönüş bekliyorum.
　　スィズデン　　ドニュシ　　ベクリヨルム

c │ Üç yıldır bu şirkette çalışıyorum.
　　ユチ　ユルドゥル　ブ　シルケッテ　チャルシュヨルム

d │ Her şey yolunda mı?
　　ヘル　シェイ　ヨルンダ　　ム

　　- Evet, her şey yolunda, iyi gidiyor.
　　　エヴェット　ヘル　シェイ　ヨルンダ　　イイ　ギディヨル

（単 語）

Türkçe トルコ語 ／ Pera Palas Oteli ペラ・パレス・ホテル ／ kafe カフェ ／ oturmak
テュルクチェ　　　　　　　ペラ　　パラス　　オテリ　　　　　　　　　　　　　　カフェ　　　　　　　オトゥルマック
座る ／ dönüş 返信、帰り ／ ～ yıldır ～年間 ／ şirket 会社 ／ yolunda 順調で
　　　ドニュシ　　　　　　　　　ユルドゥル　　　　　　　シルケット　　　　　　　ヨルンダ

コラム
イスタン
ブルの
交通事情

イスタンブルは、市の中心を南北にボスポラス海峡が流れていて、市民はボスポラ
ス海峡を挟んで西側を "Avrupa Yakası（ヨーロッパ側）"、東側を "Anadolu
　　　　　　　　　　　　アヴルパ　ヤカス　　　　　　　　　　　　　　　　　　　　　アナドル
Yakası（アナトリア側）" と呼びます。市民にとって、海峡を横断して東西を行き来す
ヤカス
るのは日常の風景。移動手段はフェリーのほかに、3つの橋、地下トンネル、さら
に日本企業も建設に参加した海底横断鉄道があります。

答え 日常会話 a│タクスィムに行きます（行くところです）。 b│トルコ語を少し知っています。 c│ペラ・パレス・ホテルを探しています。 d│（電話で）どこにいるの？ - カフェに座っています。 ビジネス a│ユルマズさんは今オフィスの外です。 b│あなたからのお返事をお待ちしています。 c│3年間この会社で働いています。 d│万事順調ですか？ - はい、万事順調です、うまくいっています。

金額についてたずねる

まずは全体を聴いてみましょう

🔊 6-1

客（müşteri）が文房具屋（kırtasiyeci）で商品を探しています。

Müşteri 客	Merhaba. Büyük boy bir defter arıyorum. こんにちは、大判のノートを探しています。
Kırtasiyeci 文房具屋	Burada bir tane var. Buyurun. ここに1冊あります。どうぞ。
Müşteri 客	Ne kadar acaba? おいくらでしょうか？
Kırtasiyeci 文房具屋	Kırk lira. 40リラです。
Müşteri 客	Oo, bayağı pahalıymış. Daha ucuzu yok mu? え、ずいぶん高いんですね。もっと安いのはありませんか？
Kırtasiyeci 文房具屋	Var, ama o birinci hamur değil. Onun fiyatı yirmi lira. ありますが、最高級ではないです。値段は20リラです。
Müşteri 客	Olsun, ucuz olanını alayım. いいです。安い方を買います。

本屋の入り口

2　語彙と文法

動詞

| almak | 買う | alayım | （私が）買いましょう　⊘「〜しましょう」はDers 7で学びます。

支払いに関する単語

| lira | リラ　⊘ トルコの通貨単位。正式にはTürk lirası（TL テーレー）。通貨記号は₺です。

fiyat	値段		ödeme	支払い		kasa	レジ
nakit	現金		kredi kartı	クレジットカード		taksit	分割払い
fatura	領収書、請求書		fiş	レシート		indirim	割引

その他

| acaba | 疑問文を丁寧な表現にします。 | | bayağı | かなり |

---

1. kaçを使った数の聞き方

金額　kaç＋通貨など

| Kaç lira? | 何リラですか？ | | Yüz lira. | 100リラです。 |
| Kaç dolar? | 何ドルですか？ | | Beş bin dolar. | 5,000ドルです。 |

金額を聞くときには、以下の表現も使われます。

| Ne kadar? あるいは Kaç para? | いくらですか？ | | Otuz beş TL. | 35リラです。 |

個数　kaç＋tane

| Kaç tane istiyorsunuz? | 何個ご入用ですか？ | | İki tane, lütfen. | 2個お願いします。 |

人数　kaç＋kişi

| Kaç kişi? | 何人 | | Kaç kişisiniz? | 何名さまですか？ |

時間

① saat＋kaç（数詞）　何時

| Saat kaç?　何時？　| Saat on iki buçuk.　12時半です。

② kaç（数詞）＋saat　何時間

| Günde kaç saat uyuyorsun?　一日に何時間寝るの？

| Genelde altı saat uyuyorum.　ふつうは6時間寝るよ。

2.「～は～だ」、「～は～でない」、「～は～ですか？」

| O defter pahalı.　そのノートは高い。　| Onun fiyatı yirmi lira.　値段は20リラです。

| O defter pahalı değil.　そのノートは高くない。　⊙ Ders 2ステップ4のdeğil「～ない」

| O defter pahalı mı?　そのノートは高いのですか？

| Onun fiyatı yirmi lira mı?　その値段は20リラですか？

3. bu これ、şu それ、o あれ、hangi どれ

| bu　　これ、この　| bura　ここ　| burada　ここで　| buradaki　ここにある

| o　　それ・あれ、その・あの　　　　　| ora　　そこ・あそこ

| orada　そこで・あそこで　　　　　　| oradaki　そこにある・あそこにある

| şu　　それ、その　| şura　そこ　| şurada　そこで　| şuradaki　そこにある

⊙ şuは、話し手と聞き手の近くにあるものに注意を向ける時に使われます。

| hangi　　どれ、どの　| nere　　　どこ　| nerede　　　どこで

| bu oda　この部屋　| şu sokak　（ほら）その道　| Hangisi? - O.　どっち？ - それだ。

（単　語）

para お金 ／ tane ～個 ／ kişi 人 ／ saat 時間、時計 ／ defter ノート ／ uyumak
寝る ／ sokak 通り

Müşteri 客	Merhaba. Büyük boy bir defter arıyorum.
	メルハバ　　ビュユック ボイ ビ(ル) デフテル アルヨルム
	こんにちは、大判のノートを探しています。

Kırtasiyeci 文房具屋	Burada bir tane var. Buyurun.
	ブラダ　　ビ(ル) ターネ ヴァル　ブユルン
	ここに1冊あります。どうぞ。

Müşteri 客	Ne kadar acaba?
	ネ　カダル　アジャバ
	いくらでしょうか？

Kırtasiyeci 文房具屋	Kırk lira.
	クルク リラ
	40リラです。

Müşteri 客	Oo, bayağı pahalıymış.
	オオ バヤー(ウ) パハルイムッシュ
	Daha ucuzu yok mu?
	ダハ　　ウジュズ ヨックム
	え、ずいぶん高いんですね。
	もっと安いのはありませんか。

Kırtasiyeci 文房具屋	Var, ama o birinci hamur değil.
	ヴァル アマ オ ビリンジ　ハムル　デイル
	Onun fiyatı yirmi lira.
	オヌン フィヤトゥ イルミ リラ
	ありますが、最高級ではないです。
	値段は20リラです。

Müşteri 客	Olsun, ucuz olanını alayım.
	オルスン ウジュズ オラヌヌ　アラユム
	いいです。安い方を買います。

発音のポイント①
burada はまん中の a
が落ちて、「ブルダ」と
発音されます。orada
「そこで」şurada「あ
そこで」も同じです。

発音のポイント②
Ne kadar「いくら」の
疑問文では最初のne
でメロディーが一番高
くなります。「いつ」「ど
こ」「誰」「何」「なぜ」
「どうやって」などの疑
問文も同様です。

ステップ 4 応用会話を聴いてみましょう

🔊 6-4

▌日常会話 🎵

Meryem（女性）が乾物屋（kuruyemişçi）で買い物をしています。

Meryem	Bakar mısınız?	すみません。
Kuruyemişçi	Buyurun.	はい、いらっしゃい。
Meryem	Bu Antep fıstığı ne kadar?	このピスタチオはいくらですか？
Kuruyemişçi	Kilosu dört yüz lira.	1キロ400リラですよ。
Meryem	Yarım kilo alayım.	500グラム買います。

▌ビジネス 💼

Eymen（男性）がレストランへ会食の予約をしています。

Eymen	İyi günler. Yarın akşam için yeriniz var mı?	こんにちは。明日の夜、席は空いていますか？
Restoran	Var, efendim. Kaç kişisiniz?	はい。何名さまでしょうか？
Eymen	Altı kişiyiz.	6名です。
Restoran	Saat kaçta geliyorsunuz?	何時にお越しになられますか？
Eymen	Saat yedide.	7時です。

（単語）

Bakar mısınız?（店員に呼びかけて）すみません。／ Antep fıstığı ピスタチオ ／ kilosu 1キロあたり ／ dört yüz 400 ／ yarım 半分、ハーフ

- - - - - - - - - -

コラム
乾物屋で
買い物して
みよう

kuruyemişçi（乾物屋）は、トルコ名産のナッツやドライフルーツ、スパイスなどを扱う店で街のあらゆるところにあります。ピスタチオのほか、トルコ西部のアイドゥン県（Aydın）産の白いちじく（incir）、トルコ中部マラティヤ県（Malatya）産のアプリコット（kayısı）が特に高品質で、お土産にも最適です。乾物屋は量り売りが主流で、キログラムあたりの値段が書かれています。店によっては真空パック（vakum）にしてくれます。

練習しましょう

▎ 次の文を日本語に訳し、文をノートに書いて覚えましょう。

♪)) 日常会話

a｜ Şu ne kadar?

b｜ Onun fiyatı on lira değil, on beş lira.

c｜ Vapur saat kaçta kalkıyor?

d｜ Yarım saattir burada bekliyorum.

💼 ビジネス

a｜ Faturadaki fiyat kaç dolar?

b｜ Bu bilgisayar benim değil.

c｜ İki tane daha defter lazım.

d｜ Akşam yemeğimiz saat altıda mı?

ネコと本

(単語)

fiyat 値段 ／ vapur フェリー ／ kalkmak 出発する、起きる ／ yarım saat 30分 ／
〜saattir 〜時間、〜の間 ／ fatura 請求書 ／ bilgisayar パソコン ／ defter ノート
／ lazım 必要である ／ akşam yemeği 夕食

うち一冊。 d｜（私たちの）夕食は6時ですか？
30分間ここで待っています。 b｜請求書上の金額は何ドルですか？ a｜そのパソコンは私のものではありません。 c｜ノートがもう二冊必要です。
答え 日常会話 a｜それはいくらですか？ b｜その値段は10リラではなく、15リラです。 c｜フェリーは何時に出発しますか？ d｜私は

50 ｜ elli エッリ

注意をひく

1 まずは全体を 聴いてみましょう

🔊 7-1

ゴンジャ（Gonca 女性）がメフメット（Mehmet 男性）を呼び、バルコニーからの素敵な景色を見せています。

Gonca ゴンジャ	Mehmet, gel sana balkondan manzarayı göstereyim. Buranın manzarası çok güzel. メフメット、ちょっと来て、バルコニーから景色を見せてあげる。 ここからの景色はとてもきれいよ。
Mehmet メフメット	Evet, gerçekten de manzarası çok güzelmiş. うん、ほんとうに、とてもいい景色だね。
Gonca ゴンジャ	Bak, şu karşıdaki yüksek binayı görüyor musun? ほら、あそこにある高いビルが見える？
Mehmet メフメット	Hangi bina? どのビル？
Gonca ゴンジャ	Sol tarafında büyük bir cami olan bina. 左側に大きいモスクがあるビルだよ。
Mehmet メフメット	A, evet. Gördüm. あ、うん。見えた。

ステップ 2　語彙と文法

単語と表現

動詞

| gelmek　来る　| göstermek　見せる　| görmek　見る（目でとらえる）

誰々に

| bana　　私に　| sana　きみに　| size　　あなたに

形容詞

| yüksek　高い　| alçak　低い

方向

| sol　　　左　| sağ　　　右　　　　| karşı　　　　向かい
| taraf　　側　| balkon　　バルコニー　| manzara　景色　| cami　モスク

学ぶ内容

1. 命令形

1｜ sen（きみ）に対する「強い命令」

動詞の語尾 -mek/-mak をとります。

| beklemek　待つ　| Bekle!　　待て　| kapatmak　閉める　| Kapat!　　閉めろ！

2｜ siz（あなた）に対する「**ソフトな命令**」

göstermek や yazmak のように語幹が子音で終わる場合は -in をつけます

| Gösterin.　　見せて（ください）。　| Yazın.　　書いて（ください）。

denemek や okumak のように語幹が母音で終わる場合は -yin をつけます。

| Deneyin.　　試して（ください）。　| Okuyun.　　読んで（ください）。

例外 | gitmek　行く　Git./Gidin. | etmek　　する　Et./Edin.

　　　　ソフトな命令形で t が d に変わります。

　　　　| yemek　食べる　Ye./Yiyin.

　　　　ソフトな命令形で e が i に変わります。

52 ｜ elli iki　エッリイキ

▌2. 提案の表現　動詞の語幹＋-(y)eyim「私が～してみます、～することにします」

| Düşüneyim.　(私が)考えてみます。　| Bakayım.　(私が)見てみましょう。

動詞の語幹が母音で終わる場合は、-yeyimをつけます。

| Dinleyeyim.　(私が)聴いてみます。　| Arayayım.　(私が)探してみましょう。

例外　動詞の語幹のtがdに変わる　| gitmek 行く　gideyim　| etmek　する　edeyim

　　　動詞の語幹のeがiに変わる　| yemek 食べる　yiyeyim　| demek 言う　diyeyim

▌3. 方向や対象の表現　-(y)e「～へ、に」

| Eve döneyim.　　　　　　　家へ戻ることにします。

| Bahar'a haber vereyim.　　バハルに私が連絡してみましょう。

私に / きみに は例外的に bana / sana という形になります。

| Bana sor.　私に聞いて。　| Sana vereyim.　私はきみにあげることにするよ。

▌4. 起点や出発点の表現　-den「～から、～より」

| Şimdi otelden çıkıyorum.　　　　　私は今ホテルから出るところです。

| Bin liradan daha ucuzu yok mu?　　1,000リラより安いのはありませんか？

| Otobüs birazdan İzmit'ten kalkıyor.　バスはもうすぐイズミットから出発します。

| Bu, benden sana hediye.　　　　　これは、ぼくからきみへのプレゼントです。

⤳ İzmit のように -den の付く語の最後が無声音の場合は -den が -ten になります。

◯単語◯

yazmak 書く ／ denemek 試す ／ okumak 読む、学ぶ ／ dönmek 戻る ／
haber vermek 連絡する ／ bin 千 ／ daha ucuzu より安いもの ／ otobüs バス ／
İzmit イズミット(イスタンブルに隣接する工業都市) ／ birazdan もうすぐ ／
hediye プレゼント

🔊 7-3

Gonca ゴンジャ	Mehmet, gel sana balkondan メフメット　　ゲル サナ　　バルコンダン manzarayı göstereyim. マンザラユ　　ギョステレイム メフメット、ちょっと来て、バルコニーから景色を見せてあげる。 Buranın manzarası çok güzel. ブラヌン　　マンザラス　　チョック ギュゼル ここからの景色はとてもきれいよ。
Mehmet メフメット	Evet, gerçekten de manzarası çok エヴェット ゲルチェッキテン デ マンザラス　　チョック güzelmiş. ギュゼルミッシ うん、ほんとうだ、とてもいい景色みたいね。
Gonca ゴンジャ	Bak, şu karşıdaki yüksek binayı görüyor musun? バク　シュ カルシュダキ ユクセッキ ビナーユ ギョリュヨル ムスン ほら、あそこにある高いビルが見える?
Mehmet メフメット	Hangi bina? ハンギ　　ビナー どのビル?
Gonca ゴンジャ	Sol tarafında büyük bir cami olan bina. ソル　タラフンダ　　ビュユック ビ(ル) ジャーミ オラン ビナー 左側に大きいモスクがあるビルだよ。
Mehmet メフメット	A, evet. Gördüm. ア　エヴェット ギョルデュム あ、うん。見えた。

発音のポイント①
命令形は動詞の最後の母音にアクセントが置かれます。Gel. **ゲル** Bekleyin. ベク**レイ**ン。

発音のポイント②
提案形 -eyim, -ayım は **e/a** にアクセントを置いて発音します。Göstereyim. ギョス テ**レイ**ム、Bakayım. バ**カ**ユム

ステップ 4 応用会話を聴いてみましょう

🔊 7-4

▎日常会話 ♪》

Göktuğ（男性）は留学する友人のŞebnem（女性）を空港で見送ります。

Göktuğ	Şebnem, kendine dikkat et.	シェブネム、体に気をつけて。
	Gidince beni ara, tamam mı?	着いたら電話して、いいね？
Şebnem	Tamam. Sen de kendine iyi bak.	わかった。そっちも体に気をつけて。
Göktuğ	Ara sıra bana resimler at.	時々写真を送ってね。
Şebnem	Tabii. Bol bol resim çekeyim.	もちろん。たくさん写真を撮るね。

▎ビジネス 🗂

Tülin（女性）は、病院の受付にいます。

Resepsiyon	Buraya isminizi yazın lütfen.	ここに名前を書いてください。
Tülin	Cep telefon numaramı da yazayım mı?	携帯電話番号も書きましょうか？
Resepsiyon	Hayır, gerek yok, efendim.	いいえ、必要ございません。

（単 語）

dikkat etmek 注意する ／ gidince 着いたら ／ aramak 電話する、捜す ／
Kendine iyi bak. 元気でね。／ resim 写真、絵 ／ tabii もちろん ／
bol bol たくさん ／ resim çekmek 写真を撮る ／
atmak （口語）メールやチャットで送る ／ isim 名前 ／ cep telefonu 携帯電話 ／
cep telefon numarası 携帯電話番号 ／ gerek yok 必要ない

第7章 注意をひく

1
2
3
4
5
6
8
9
10
11
12

ステップ

5 練習しましょう

🔊 7-5

▎ 1. 次の文を日本語に訳し、文をノートに書いて覚えましょう。

♪)) 日常会話

a ｜ Dur, arabalara dikkat et!

b ｜ Yine İstanbul'a gelin.

c ｜ Sizin için bir taksi çağırayım.

d ｜ Eşyalarınızı odanıza götüreyim mi?

💼 ビジネス

a ｜ Hatta kalın, lütfen.

b ｜ Bana e-mail yazın.

c ｜ Size fiyat teklifi göndereyim.

d ｜ Görüşmenize eşlik edeyim mi?

▎ 2. 空欄に適当なトルコ語を入れましょう。

a ｜ Size yardım (   ) mi?　　　　　お助けしましょうか？

b ｜ Hemen (   ) (   )!　　　　　すぐにそこから出てください！

c ｜ (   ) sakin (   ).　　　　　お願いだから落ち着いて。

（ 単 語 ）

araba 車 ／ yine 再び ／ eşya 荷物 ／ hatta kalmak（電話で）待つ ／
e-mail e メール ／ fiyat teklifi 見積書 ／ eşlik etmek 同行する ／
yardım 手伝い、協力 ／ oradan そこから ／ çıkmak 出る ／ bakmak 見る

） mi? | b | Hemen (oradan) (çıkın)! | c | (Lütfen) sakin (ol).
edeyim (yardım Size | a　.2　？うょしまき行に緒一に談面のたなあ｜ d 　。うょしまし付送を書積見のそ（格価）｜ c　。いさ来てい書をルーメ e に私｜ b　　い待でちっそで話電｜ a　スネジビ　？うょしまきいてっ持にターヘをの物荷おのたなあ｜ d 　。いさ来に回れたまに）再ブンタスイ｜ b　。いさ来てけつを意注に車、てっ止｜ a　話会常日　.1　.1

謝罪する

ステップ
1 まずは全体を 聴いてみましょう

🔊 8-1

ジェミル（Cemil 男性）がエミネ（Emine 女性）に電話で昨日連絡しなかったことを謝っています。

Cemil ジェミル	Alo, Emine? Şu anda müsait misin? もしもし、エミネ？　今大丈夫？

モダンなカフェ

Emine エミネ	Evet, müsaitim. Dün beni niçin aramadın? うん、大丈夫。昨日どうして電話くれなかったの？ Bütün gün senden telefon bekledim. 一日中あなたからの電話を待っていたのに。
Cemil ジェミル	Ben de onun için aradım. ぼくもそのことで電話したんだ。 Dün arayamadığım için özür dilerim. Kusura bakma. 昨日電話できなくてごめん。許してね。
Emine エミネ	Peki, affettim. Ama bir daha olmasın! いいよ、許してあげるよ。でも、二度とないようにね！

2　語彙と文法

単 語 と 表 現

▌ 謝る

| Özür dilerim.　　　　　ごめんなさい。　　　| Affedersin(iz).　　ごめん(なさい)。

| Kusura bakma(yın).　許して(ください)。

▌ 理由

| ～ için　　　　　　　～が理由で、～のために　| niçin　　なぜ

| arayamadığım için　(私は)電話できなかったために

▌ 許す

| Affettim.　　許してあげるよ。　| Bir daha olmasın.　　二度とないように。

学 ぶ 内 容

▌ 1. 過去の表現 動詞の語幹＋ -dim/-tim 「私は〜した」

| aramak　　　　　電話する　　　⊖ Aradım.　　　　私は電話した。

| beklemek　　　　待つ　　　　　⊖ Bekledim.　　　私は待った。

| görüşmek　　　　会う　　　　　⊖ Görüştüm.　　　私は会った。

　⊖ yap-, goruş- のように動詞の語幹が無声音で終わると -dim は -tim になります。

動詞の語幹＋ -d/tin 「きみ(sen)は〜した」

| görmek　　見る　　　　　　　　⊖ Gördün.　　きみは見た。

| bakmak　　見る(視線を向ける)　⊖ Baktın.　　きみは見た。

動詞の語幹＋ -d/tiniz 「あなた / あなたたち(siz)は〜した」

| düşünmek　　考える　　　　　　⊖ Düşündünüz.　　あなた(たち)は考えた。

| tanışmak　　知り合う　　　　　⊖ Tanıştınız.　　　あなた(たち)は知り合った。

過去形の否定と疑問

動詞の語幹＋ -me-dim/din/diniz「私 / きみ / あなた (たち) は～しなかった」

| Aramadım.　　　　　私は電話しなかった。　　| Görüşmedim.　　　　　私は会わなかった。

過去の疑問「～したのか」は、最後に mi をつけるだけです。否定の疑問も同じです。

| Müge Hoca ile görüştün mü?　　きみはミュゲ先生と会ったの？

| Siz daha önce tanışmadınız mı?　　あなたたちは以前知り合っていませんでしたか？

▌ 2. 目的・理由の表現　～ için「～のために、～が理由で」

～には色々な単語を入れることができます。

| İş için Türkiye'ye geldim.　　　　　ビジネスのためにトルコへ来ました。

| Akşam yemeği için balık alayım.　　夕食用に魚を買おう。

benim/senin/sizin için「私 / きみ / あなた (たち) のために」

| O konu benim için çok önemli.　　そのトピックは私にとってとても重要です。

動詞の語幹＋ -diğim/-tiğim için「私は～したので (～するので)」(理由)

　　→ 過去の事にも現在の事にも同じ表現を使います。

| Dün fazla içtiğim için başım ağrıyor.　　昨日飲みすぎたので、頭が痛いです。

| Cemil'i sevdiğim için onu affettim.　　ジェミルのことが好きだから、彼を許しました。

動詞の語幹＋ -mediğim/-metiğim için「私は～しなかったので (～しないので)」(理由)

| Sizi aramadığım için kusura bakmayın.　　あなたにお電話しなくて、すみません。

　　→ 本文中の arayamadığım için の -yama- は「～できない」を表します。

| Yürümek istemediğim için taksiye bindim.　　歩きたくなかったので、タクシーに乗りました。

(単 語)

daha önce 以前に ／ akşam yemeği 夕食 ／ balık 魚 ／ konu トピック ／
önemli 重要な ／ dün 昨日 ／ fazla かなり ／ içmek 飲む、酒を飲む ／
başım ağrıyor (私の)頭が痛い ／ sevmek 好きだ ／ yürümek 歩く ／
binmek 乗る

音声に続いて発音してみましょう

🔊 8-3

Cemil
ジェミル

Alo, Emine? Şu anda müsait misin?

アロ　エミネ　　シュ アンダ　ミュサーイト ミスィン

もしもし、エミネ？　今大丈夫？

Emine
エミネ

Evet, müsaitim. Dün beni niçin aramadın?

エヴェット ミュサーイティム デュン ベニ　　ニチン　アラマドゥン

Bütün gün senden telefon bekledim.

ビュテュン ギュン センデン　テレフォン　ベクレディム

うん、大丈夫。昨日どうして電話くれなかったの？　一日中あなたからの電話を待っていたのに。

Cemil
ジェミル

Ben de onun için aradım.

ベン　デ　オヌン　イチン アラドゥム

Dün arayamadığım için özür

デュン アラヤマドゥウム　　イチン オズル

dilerim. Kusura bakma.

ディレリム　クスラ　　バクマ

ぼくもそのことで電話したんだ。
昨日電話できなくてごめん。許してね。

Emine
エミネ

Peki, affettim.

ペキ　　アッフェッティム

Ama bir daha olmasın!

アマ　　ビ(ル) ダハ　　オルマスン

いいよ、許してあげるよ。
でも、二度とないようにね！

発音のポイント①
過去形では、基本的に最後の母音にアクセントが置かれます。
Bekledim.
ベクレ**ディ**ム
Beklediniz.
ベクレディ**ニズ**

発音のポイント②
否定形では、否定の要素 me の直前の母音にアクセントが置かれます。
Aramadım.
アラマドゥム

ステップ 4　応用会話を聴いてみましょう

🔊 8-4

▌日常会話 💬

Yağmur（女性）はレストランでウェイター（garson）を呼び、注文の確認をしています。

Yağmur	Affedersiniz.	すみません。
	Ortaya bir salata söyledim, ama henüz gelmedi.	シェア用にサラダを注文しましたが、まだ来ていません。
Garson	Kusura bakmayın lütfen.	申し訳ございません。
	Hemen yaptırıyorum.	すぐにご用意いたします。

▌ビジネス 💼

Metehan（男性）は、取引先のLina（女性）へ遅刻の謝罪をしています。

Metahan	Geç kaldığım için özür dilerim.	遅くなって申し訳ありません。
	Bugün çok trafik vardı.	今日は道がとても渋滞していました。
Lina	Tahmin ettim, Metehan Bey.	そうだろうと思いました、メテハンさん。
	Ben de sabah işe geç kaldım.	私も朝職場に遅刻したんですよ。

単 語

ortaya（食べ物などを）共有するものとして ／ söylemek 注文する ／ henüz まだ ／ hemen すぐに ／ yaptırmak 作らせる ／ geç kalmak 遅刻する ／ tahmin etmek 推測する

コラム
シェアして食べよう

食事をする時、国や地域によってはシェアの文化がないこともありますが、トルコ料理はシェアOK！　特に、meyhane（メイハーネ）と呼ばれる大衆居酒屋では、たくさんの種類の前菜をみんなで分け合って食べるのが楽しいです。高級レストランでは、シェア用に注文したものをガルソンが取り分けてサーブしてくれるところもあります。

> オードブルから好みを選ぶ

第8章　謝罪する

1
2
3
4
5
6
7
9
10
11
12

🔊 8-5

1. 次の文を日本語に訳し、文をノートに書いて覚えましょう。

🎵 日常会話

a｜Siparişe karar verdiniz mi?

b｜Boğaz turu için rezervasyon yaptım.

c｜Öğlen çok yediğim için şu anda tokum.

d｜Taksiniz geldi.

📋 ビジネス

a｜Geç döndüğüm için özür dilerim.

b｜Japonya'dan numuneleri gönderdim.

c｜Daha önce hiç İzmir'e gittiniz mi?

d｜Yeni bir proje için sunum yaptım.

2. 空欄に適当なトルコ語を入れましょう。

a｜Niçin (　　　　)(　　　　)?　　　　　なんで警察に行かなかったの？

b｜İlaç (　　　) için şimdi daha(　　　). 私は薬を飲んだので、今はさっきより調子
　　　　　　　　　　　　　　　　　　　がいいです。

c｜Dünkü partiniz (　　　)(　　　)?　昨日のパーティーはどうでしたか？

 単 語

sipariş 注文 ／ Boğaz turu ボスポラスクルーズ ／ öğlen 昼に ／ tok 満腹の ／
numune サンプル ／ sunum プレゼンテーション ／ polis 警察 ／
ilaç içmek 薬を飲む ／ nasıl どのように ／ geçmek 過ぎる

Ders 9

許可を求める

ステップ
1

まずは全体を
聴いてみましょう

🔊 9-1

学生のオズギュル(Özgür 男性)が、授業前に教師(öğretmen)に外に出ていいか尋ねています。

Öğretmen 教師	Günaydın. Bugün çağdaş Japon edebiyatı anlatacağım. おはよう。今日は現代日本文学についてお話します。

アタテュルク文化センター

Özgür オズギュル	Affedersiniz. すみません。 Derse başlamadan önce beş dakika dışarı çıkabilir miyim? 授業を始める前に5分ほど外へ出てもいいですか?
Öğretmen 教師	Ne oldu Özgür? Rahatsız mısın yoksa? どうしたんですか、オズギュルさん。もしかして具合が悪いんですか?
Özgür オズギュル	Hayır. Müsaade ederseniz, biraz dışarı çıkmak istiyorum. いいえ。すみませんが、少し外へ出たいのです。
Öğretmen 教師	Tabii, çıkabilirsin. もちろん、出てもいいですよ。

ステップ
2 語彙と文法

単語と表現

動詞

anlatmak	説明する		anlatacağım	私は説明する予定です
dışarı çıkmak	外に出る
Dışarı çıkabilir miyim?	私は外に出てもいいですか？
Dışarı çıkabilirsin.	きみは外に出てもいいです。

許可を求める

Affedersiniz.	（呼びかけて）すみません。
Müsaade ederseniz, ...	すみませんが、……
Kusura bakma(yın).	許して（ください）。

〜の前 / 後

| -den önce | 〜の前 | | -den sonra | 〜の後 |

その他

| çağdaş 近代の | edebiyat 文学 | rahatsız 気分がすぐれない |

学ぶ内容

1. 未来形　動詞の語幹＋-(y)eceğim/-(y)acağım「私は〜するつもりだ」

| Vereceğim. | 私は渡すつもりです。 | | Kalacağım. | 私はとどまるつもりです。 |
| Deneyeceğim. | 私は試すつもりです。 | | Uyuyacağım. | 私は寝るつもりです。 |

⤷ 動詞の語幹が母音で終わる場合には -yeceğim/-yacağım となります。

次の動詞は例外的な未来形の作り方になります。

動詞の語幹のtがdになる：

| gitmek | 行く | ⤷ Gideceğim. | 私は行くつもりです。 |
| etmek | する | ⤷ Edeceğim. | 私はするつもりです。 |

動詞の語幹のeがiになる：

| yemek | 食べる | ⊘ | Yiyeceğim. | 私は食べるつもりです。 |
| demek | 言う | ⊘ | Diyeceğim. | 私は言うつもりです。 |

動詞の語幹＋-meyeceğim/-mayacağım は、「私は〜しないつもりだ」の意味になります。

| Yarın ofise gitmeyeceğim. | 私は明日はオフィスに行かないつもりです。 |
| Bir daha aynı hata yapmayacağım. | 私は二度と同じ過ちはしません。 |

▌ 2. 許可の表現　動詞の語幹＋-(y)ebilir/-(y)abilir miyim? 「〜していいですか」

Ali Bey'le görüşebilir miyim?	（電話で）アリさんとお話させて頂けますか？
Menü alabilir miyim?	メニューをいただけますか？
İsminizi öğrenebilir miyim?	名前をお聞きしてもいいですか？
Bu paketi açabilir miyim?	この包みを開けてもいいですか？
Bir şey söyleyebilir miyim?	ひとつ言ってもいいですか？
Sunuma başlayabilir miyim?	プレゼンを始めてもよいでしょうか？

⊘ 母音調和するのは**e/a**だけで、-bilirの部分は母音調和しません。

▌ 3. 前後関係の表現　〜-d/ten önce「〜の前に」、〜-d/ten sonra「〜の後に」

| Sabah kahvaltıdan önce yürüyüş yaptım. | 私は朝食の前にウォーキングをしました。 |
| Akşam işten sonra spora gideceğim. | 夜、仕事の後にジムに行く予定です。 |

動詞＋-me**de**n önce「〜する前に」

| Sözleşmeyi göndermeden önce bana göster. | 契約書を送る前に私に見せて。 |

動詞＋-d/tik**te**n sonra「〜した後に」

| Uçaktan indikten sonra sizi arayacağım. | 飛行機から降りたらあなたに電話します。 |

（単語）

aynı 同じ ／ hata 過ち ／ menü メニュー ／ paket 包み ／ söylemek 言う ／
kahvaltı 朝食 ／ yürüyüş ウォーキング、散歩 ／ spora gitmek ジムに行く ／
sözleşme 契約書 ／ uçak 飛行機 ／ inmek 降りる

Öğretmen 教師	Günaydın. Bugün çağdaş ギュナイドゥン　ブギュン　チャーダシ Japon edebiyatı anlatacağım. ジャポン　エデビヤートゥ　アンラタジャウム おはよう。今日は現代日本文学について お話します。

発音のポイント①
未来形 -(y)acağım
では、-ca- にアクセン
トが置かれます。
Anlatacağım.
アンラタ**ジャ**ウム

Özgür オズギュル	Affedersiniz. アッフェデルスィニス Derse başlamadan önce beş デルセ　　バシラマダン　　オンジェ ベシ dakika dışarı çıkabilir miyim? ダキーカ　ドゥシャル チュカビリル ミイム すみません。授業を始める前に5分ほど 外へ出てもいいですか？

発音のポイント②
許可を求める表現で
は、-abilir の -lir にア
クセントが置かれます。
çıkabilir
チュカビ**リル**

Öğretmen 教師	Ne oldu Özgür? Rahatsız mısın ネ　オルドゥ オズギュル ラハトスズ　ムスン yoksa? ヨックサ どうしたんですか、オズギュルさん。もしかして具合が悪いんですか？

Özgür オズギュル	Hayır. Müsaade ederseniz, biraz dışarı çıkmak ハユル　ミュサアデ　　エデルセニス　ビラズ ドゥシャル チュクマック istiyorum. イスティヨルム いいえ。すみませんが、少し外へ出たいのです。

Öğretmen 教師	Tabii, çıkabilirsin. タビイ　チュカビリルスィン もちろん、出てもいいですよ。

ステップ 4

応用会話を聴いてみましょう

9-4

日常会話

Alperen(男性)はタクシー運転手(taksi şoförü)に停車を指示しています。

Alperen	Işıklardan sonra inebilir miyim?	信号を過ぎたところで降りてもいいですか？
Taksi şoförü	Tabii ki.	もちろん。
Alperen	Kredi kartı ile ödeyebilir miyim?	クレジットカードで支払えますか？
Taksi şoförü	Kredi kartı için komisyon tutacak.	クレジットカードは手数料がかかりますよ。
Alperen	O zaman nakit ödeyeceğim.	では現金で支払います。

ビジネス

Duru(女性)は仕入れ先の施設を訪問し、担当のYiğit(男性)と視察をしています。

Yiğit	Burası, bizim ArGe merkezimiz.	ここは、私どもの研究開発センターです。
Duru	Burada video çekebilir miyim?	ここでは動画を撮ってもいいですか？
Yiğit	Maalesef, video çekmek yasak. Turumuz bittikten sonra, ben size birkaç görsel atacağım.	残念ながら、動画の撮影は禁止です。視察が終わってから、いくつか画像をお送りしますね。
Duru	Çok teşekkür ederim.	どうもありがとうございます。

単語

ışıklar (話し言葉で)信号　※trafik ışığı とも言う ／ inmek 降りる ／ ödemek 支払う ／ komisyon 手数料 ／ tutmak (お金などが)かかる ／ ArGe R&D(研究開発) ／ merkez センター、中心地 ／ video çekmek 動画を撮る ／ tur ツアー、視察 ／ birkaç いくつかの ／ görsel 画像

ステップ 5 練習しましょう

🔊 9-5

▌1. 次の文を日本語に訳し、文をノートに書いて覚えましょう。

🎵 日常会話

a │ Saat on ikide otelden çıkış yapacağım.

b │ Bugün bir yere gitmeyeceğim.

c │ Hesabı alabilir miyim?

d │ Otele dönmeden önce markete uğrayayım.

💼 ビジネス

a │ Size bir soru sorabilir miyim?

b │ Seul seyahatinden sonra Osaka'ya geleceğim.

c │ Müşteri ile görüşmeden önce evrakları kontrol edin.

d │ Kasım ayındaki kongreye katılmayacağım.

▌2. 空欄に適当なトルコ語を入れましょう。

a │ Bir çay (　　　　)(　　　　)?　　　　チャイ(紅茶)をひとつ頂けますか？

b │ Sizi (　　　　).　　　　　　　　　　あなたのことを忘れません。

c │ Uçak biletini (　　　)(　　　)　　　航空券を買う前にビザを申請しなさい。
　　vizeye başvur.

 単 語

çıkış yapmak チェックアウトする ／ hesap 勘定 ／ market スーパー ／
uğramak 立ち寄る ／ Seul ソウル ／ evrak 書類 ／ kontrol etmek 確認する ／
kasım ayı 11月 ／ kongre 国際会議 ／ katılmak 出席する、参加する ／
almak 買う、いただく ／ unutmak 忘れる ／ vize ビザ ／ başvurmak 申請する

好きなものについて述べる

10

まずは全体を聴いてみましょう

🔊 10-1

ブルジュ（Burcu 女性）とエミン（Emin 男性）が、前日のパーティーと好きなお酒の話をしています。

Burcu ブルジュ	Dünkü parti çok güzeldi, çok eğlendim. 昨日のパーティーはとても良かった、とても楽しかったね。
Emin エミン	Ben de çok eğlendim. Sabaha kadar içtim. ぼくも本当に楽しかった。朝まで飲んだね。
Burcu ブルジュ	Evet, hepimiz sarhoş olduk. Sen galiba en çok rakı içmeyi seviyorsun. そうね、みんな酔っ払ったね。 あなたはたぶんラク*を飲むのが一番好きなのね。
Emin エミン	Evet, rakı içmeyi severim. Ayrıca şarabı da severim. うん、ラクを飲むのが好き。それからワインも好きさ。
Burcu ブルジュ	Ben de şarabı çok severim. Bir dahaki sefere birlikte içelim, tamam mı? 私もワインが大好き。 また今度一緒に飲みましょう、いいね？

*ブドウとアニスから作られたお酒。

単語と表現

動詞

eğlenmek　楽しむ	içmek　　　　酒を飲む	içelim　　　飲みましょう
sevmek　　好き	seviyorum　私は好きです	severim　　⊙ 本章で学びます。

飲み物

su　　　水	soda　炭酸水	çay　　チャイ、紅茶	kahve　　コーヒー
bira　　ビール	rakı　　ラク	şarap　ワイン	viski　　　ウィスキー

その他

-e kadar　　〜まで	sarhoş　　　酔った	bir dahaki sefere　　また今度

学ぶ内容

1. 動詞の語幹＋-erim/-irim「私は〜です」の用法

1｜過去・現在・未来といった時間にとらわれない習慣や嗜好や関心

Rakı içmeyi severim.	私はラクを飲むのが好きです。
Hafta içi her akşam sahilde koşarım.	私は平日、毎晩海岸でランニングします。

2｜現在や将来の願望や意志

Bir şey içer misiniz? - Çay içerim.　何かお飲みになられますか? - チャイをいただきます。

-e/irim の形は動詞によって異なり、例外もあるので、徐々に慣れていきましょう。

いくつか例を挙げます。

i｜語幹が母音で終わる動詞（bekle-, hazırla-)＋-rim

Beklerim.　　待ちます。	Hazırlarım.　　準備します。

ii｜語幹が子音で終わる動詞（görüş-, göster- unut-)で、単語中に母音が複数ある動詞＋-irim

Görüşürüm.　会います。	Gösteririm.　　見せます。	Unuturum.　　忘れます。

iii｜語幹が子音で終わる動詞で、単語中に母音がひとつしかない動詞（sev-, git-, yap-)＋-erim

Severim.　　　好きです。	Giderim.　　行きます。	Yaparım.　　やります。

2. 名詞＋(y)i「～を」

| Dünkü filmi çok beğendim.　　昨日の映画をとても気に入った。
| O camı kapatır mısın?　　　その窓を閉めてくれる？

　⊙　kで終わる単語(küçük)につくと、kがğに変化します。

| Dünkü partiyi kim organize etti?　　　昨日のパーティーは誰が企画したの？
| Burada Barış Bey'i bekleyeceğim.　　ここでバルシさんを待つつもりです。

動作・行為について、「～することを」と言いたいときは、動詞＋-meyi で表現します

| Rakı içmeyi seviyorsun.　　　　　きみはラクを飲むのが好きなんだね。
| Haftasonu kampa gitmeyi düşünüyorum.　　週末キャンプに行こうと思っています。
| Bilgisayarını yanına almayı unutma.　　パソコンを持っていくのを忘れないように。
| Size Japon yemeği yapmayı öğretirim.　　あなたに日本料理の作り方を教えます。

3. 勧誘の表現　動詞の語幹＋-(y)elim「～しましょう」

| Bir dahaki sefere birlikte şarap içelim.　　また今度一緒にワインを飲みましょう。
| Yarın saat dokuzda lobide buluşalım.　　明日9時にロビーで待ち合わせしましょう。

-(y)elim の後に疑問のmiをつけると、相手の意向を尋ねる「～しましょうか？」の意味
になります。

| Yavaş yavaş kalkalım mı?　　　　そろそろ（お店などを）出ましょうか？
| Taksim Meydanı'na kadar yürüyelim mi?　　タクスィム広場*まで歩きましょうか？

（単語）

hafta içi 平日 ／ sahil 海岸 ／ koşmak 走る ／ organize etmek 企画する ／
hafta sonu 週末 ／ kamp キャンプ ／ bilgisayar パソコン ／
yanına almak 持っていく(携行する) ／ birlikte 一緒に ／ buluşmak 待ち合わせる ／
Taksim Meydanı タクスィム広場

*イスタンブルのヨーロッパ側、タクスィム地区のランドマーク的な場所

🔊 10-3

Burcu ブルジュ	Dünkü parti çok güzeldi, çok eğlendim.
	デュンキュ パルティ チョック ギュゼルディ チョック エーレンディム
	昨日のパーティーはとても良かった、とても楽しかったね。
Emin エミン	Ben de çok eğlendim. Sabaha kadar içtim.
	ベン デ チョック エーレンディム サバハ カダル イチティム
	ぼくも本当に楽しかった。朝まで飲んだね。
Burcu ブルジュ	Evet, hepimiz sarhoş olduk.
	エヴェット ヘピミス サルホッシ オルドゥック
	Sen galiba en çok rakı içmeyi seviyorsun.
	セン ガーリバ エン チョック ラク イチメイ セヴィヨルスン
	そうね、みんな酔っ払ったね。
	あなたはラクを飲むのが一番好きなのね。
Emin エミン	Evet, rakı içmeyi severim.
	エヴェット ラク イチメイ セヴェリム
	Ayrıca şarabı da severim.
	アイルジャ シャラブ ダ セヴェリム
	うん、ラクを飲むのが好き。
	それからワインも好きさ。
Burcu ブルジュ	Ben de şarabı çok severim.
	ベン デ シャラブ チョック セヴェリム
	Bir dahaki sefere birlikte içelim,
	ビ(ル) ダハキ セフェレ ビルリッキテ イチェリム
	tamam mı?
	タマム ム
	私もワインが大好き。
	また今度一緒に飲みましょう、いいね？

発音のポイント①
動詞 +e/irim では、
下線部の母音にアクセントが置かれます。
Severim.
セヴェリム
İçerim.
イチェリム

発音のポイント②
勧誘の -(y)elim では、
-li にアクセントがあります。
İçelim.
イチェリム

ステップ 4　応用会話を聴いてみましょう

🔊 10-4

■ 日常会話 🎵

Zehra（女性）がウェイター（garson）にお勧めのワインを聞いています。

Zehra	Yerli şaraplardan tavsiyeniz var mı?	国産ワインでお勧めはありますか？
Garson	Kapadokya şarabını tavsiye ederim.	カッパドキア産のワインがお勧めです。
Zehra	Olur. Yanına peynir tabağı da alırım.	いいですね。一緒にチーズプレートももらいます。
Garson	Elbette, efendim.	かしこまりました。

■ ビジネス 💼

Seren（女性）は、同僚のDoruk（男性）と会議の時間変更に対応しています。

Seren	Doruk, bana yardım eder misin? Toplantı saatinde değişiklik oldu.	ドルック、ちょっと手伝ってくれない？会議の時間変更があったの。
Doruk	Ben katılımcılara bilgi veririm.	僕は出席者に連絡をするね。
Seren	Haydi, acele edelim!	さあ、急ぎましょう！

単語

yerli 国産の ／ yanına 一緒に ／ peynir tabağı チーズプレート ／
değişiklik 変更 ／ katılımcı 参加者 ／ acele etmek 急ぐ

コラム
トルコの
ワイン

日本ではあまり知られていませんが、トルコには良質な国産ワインがたくさんあります。特にアナトリア中部とエーゲ海沿岸でワイン作りが盛んです。kalecik karası（カレジッキ カラス）やöküzgözü（オキュズキョズュ）などのトルコ特有のブドウ品種は、トルコ以外ではなかなか味わえません。旅行の際に、訪れた土地のワインを楽しんでみてはいかがでしょう？

> トラキア地方のワイナリー

ステップ

5　練習しましょう

🔊 10-5

▎1. 次の文を日本語に訳し、文をノートに書いて覚えましょう。

🎵 日常会話

a｜ Sizi arkanızdan takip ederim.

b｜ Bir yerde oturalım mı?

c｜ Seyahat etmeyi severim.

d｜ Haydi, gidelim.

ガラタ橋

💼 ビジネス

a｜ Teklifinizi değerlendiririm.

b｜ Çalışanlarımıza ikramiye vermeyi düşünelim.

c｜ Biraz mola verelim mi?

d｜ Umarım seneye Japonya'ya gelirim.

▎2. 空欄に適当なトルコ語を入れましょう。

a｜ Yanıma (　　　　)(　　　　　) unuttum.　パスポートを持ってくるのを忘れました。

b｜ O konuyu ben (　　　　)(　　　　).　　その件は私がマネージャーに尋ねます。

c｜ Beraber öğle (　　　　)(　　　　) mi?　一緒に昼食を食べましょうか？

単　語

arka 後ろ ／ takip etmek ついて行く ／ değerlendirmek 評価する ／
çalışan 従業員 ／ ikramiye ボーナス ／ mola vermek 休憩する ／
ummak 願う ／ yanıma almak（私が）持ってくる ／ pasaport パスポート ／
müdür マネージャー ／ sormak 尋ねる ／ yemek 食べる

（müdürüme）（ sorarım ）. c｜ Beraber öğle（ yemeği ）（ yiyelim ）mi?
ben konuyu o｜b .muttunu）（ almayı ）（pasaportumu）Yanıma a｜2. ．すいなしきてびた来日来、ばれけよ d｜ 。うょしまき聞ていつに休憩を種各に事業従｜b 。すまみ好を行旅か｜c 。かうょしまいらもてっ座にかこど｜b 。すまき行てっいつに後ろのたなあは私｜a 会話常日 .1 よえ答

Ders 11

条件をつける

11

ステップ **1**
まずは全体を
聴いてみましょう

🔊 11-1

ユジェル（Yücel 男性）がシェナイ（Şenay 女性）と、地震や発生時の行動ついて話しています。

Yücel ユジェル	Şenay, duydun mu? İstanbul'da büyük bir deprem olacakmış. シェナイ、聞いた？ イスタンブルで大きい地震が起こるんだって。
Şenay シェナイ	Evet, uzmanlar televizyonda devamlı uyarıyorlar. うん、専門家がテレビでずっと警告しているね。
Yücel ユジェル	Deprem olursa paniğe kapılmamalısın. Önce, yakınındaki bir masanın altına girmelisin. 地震が起きたら、パニックになってはダメだよ。 まず、近くの机の下に入らないといけない。
Şenay シェナイ	Daha sonra? それから？
Yücel ユジェル	Deprem bittikten sonra dışarı çıkmalısın. 地震がおさまってから外に出なければいけないよ。

2 語彙と文法

単語と表現

動詞

| paniğe kapılmak　パニックになる　| uyarmak　警告する　| girmek　入る

| paniğe kapılmamalısın.　パニックになってはいけない。⊙ 文法はこの課で学びます。

| olacakmış　　　起こるらしい　⊙ 文法はDers 12で学びます。

災害

| deprem　地震　| yangın　火事　| tsunami（トゥスナミ）津波　| sel　洪水

| deprem büyüklüğü　マグニチュード　| deprem şiddeti　震度

| itfaiye　消防署　| ambulans　救急車　| karakol　交番

その他

| uzman　専門家　| yakın　近く、周囲

学ぶ内容

1. 仮定の表現　「もし〜したら」

1│コトやモノなどが「〜したら」　動詞の語幹＋ -erse/-irse

| Deprem olursa, önce masanın altına gir.　地震が起きたら、まず机の下に入りなさい。

| İşim uzarsa, öğle yemeğini yiyemeyeceğim.　用事が長引いたら、ランチは食べられません。

| Hava iyileşirse, pikniğe gidelim.　天気が良くなったら、ピクニックに行こう。

| Öksürük devam ederse, ilacı içmelisin.　咳が続くなら、薬を飲まなければいけない。

⊙ -kで終わる単語（piknik）に方向を示す -eが付くとき、kはğに変化し、-ğeとなります。

2│「私が / きみが / あなたが〜したら」　動詞の語幹＋ -e/irsem/n/niz

| Japonya'ya gelirsem, sana haber veririm.　日本に行くことがあれば、きみに連絡するよ。

| Ahmet Hoca'yı görürsen, lütfen selam söyle.　アフメット先生に会ったら、宜しく伝えて。

| Eğer isterseniz, dediğiniz gibi yapalım.　宜しければ、あなたが言うようにやりましょう。

| Yorum ve beğeni bırakırsanız, sevinirim.　コメントやいいねを残してくれたら、嬉しいです。

▌ 2. 義務·禁止の表現

動詞の語幹＋-meli-yim/sin/siniz　「〜しなければならない」

動詞の語幹＋-memeli-yim/sin/siniz　「〜してはならない」

> ⊖　類似の表現に、動詞＋(-me)-me-m/n/niz gerek/lazımがあります。

Raporu bugün teslim etmeliyim. Raporu bugün teslim etmem gerek/lazım.	｝	私はレポートを今日提出しな ければならない。
Stratejiyi iyi düşünmelisiniz. Stratejiyi iyi düşünmeniz gerek/lazım.	｝	あなた(方)は戦略をよく考え なければなりません。
Deprem olursa paniğe kapılmamalısın. Deprem olursa paniğe kapılmaman gerek/lazım.	｝	地震が起きたらパニックにな ってはいけない。

-meliを使う方が強い言い方で、gerek/lazımの方が表現がソフトになります。

▌ 3.「〜の〜」　〜-(n)in 〜-(s)i

前の単語が母音で終わる時(masa)には-nin、後の単語が子音で終わる時(alt)は-iがつきます。

| masanın altı　　机の下　　　　| masanın altına　　　　机の下に

前の単語が子音で終わる時(yangın)には-in、後の単語が母音で終わる時(etki)は-siがつきます。

| yangının etkisi　火事の影響　　| yangının etkisini　　　火事の影響を

名詞にはいろいろな語尾(私の-imや〜から-dan)を付けることができます。

| ofisimin yakını　私のオフィスの近く | ofisimin yakınından　　私のオフィスの近くから

（単 語）

masa 机 ／ yiyememek 食べられない ／ iyileşmek 良くなる ／ piknik ピクニック ／
öksürük 咳 ／ devam etmek 続く ／ ilaç 薬 ／ yorum コメント ／
beğen いいね ／ rapor レポート ／ teslim etmek 提出する ／ strateji 戦略

1

2

3

4

5

6

7

8

9

10

第11章　条件をつける

12

音声に続いて発音してみましょう

🔊 11-3

Yücel ユジェル	Şenay, duydun mu? シェナイ　ドゥイドゥン ム İstanbul'da büyük bir deprem イスタンブルダ　ビュユック ビ(ル) デプレム olacakmış. オラジャックムッシ シェナイ、聞いた? イスタンブルで大きい地震が起こるんだって。
Şenay シェナイ	Evet, uzmanlar televizyonda devamlı uyarıyorlar. エヴェット ウズマンラル テレヴィズィヨンダ　デヴァムル　ウヤルヨルラル うん、専門家がテレビでずっと警告しているね。
Yücel ユジェル	Deprem olursa paniğe kapılmamalısın. デプレム　　オルルサ　パニエ　カプルママルスン Önce, yakınındaki bir masanın オンジェ ヤクヌンダキ　　ビ(ル) マサヌン altına girmelisin. アルトゥナ ギルメリスィン 地震が起きたら、パニックになってはダメだよ。 まず、近くの机の下に入らないといけない。
Şenay シェナイ	Daha sonra? ダハ　　ソンラ それから?
Yücel ユジェル	Deprem bittikten sonra dışarı デプレム　　ビッティキテン ソンラ ドゥシャル çıkmalısın. チュクマルスン 地震がおさまったら外に出なければいけないよ。

発音のポイント①
動詞＋ -e/irsem/n/niz
のアクセントの位置は、動
詞直後の最初の母音
-e/ir におかれます。
Deprem olursa
デプレム **オル**ルサ

発音のポイント②
動詞 ＋ -(me)meli ＋
-yim /sin/siniz 肯定文
の場合は -meli の li に、
否定文の場合は否定を
表す -me/ma の直前の
母音にアクセントがおか
れます。
Girmelisin.
ギル**メ**リスィン
Kapılmamalısın.
カ**プ**ルママルスン

応用会話を聴いてみましょう

🔊 11-4

▌日常会話 ♪

Ali（男性）は博物館で警備員（güvenlik görevlisi）に呼びかけられました。

Güvenlik görevlisi	Pardon, şeridi geçmemelisiniz.	ちょっと、線を越えてはいけませんよ。
Ali	Özür dilerim. İçeriyi merak ettim.	ごめんなさい。中が気になって。
Güvenlik görevlisi	Restorasyon çalışması yapılıyor. Çalışma biterse, ziyarete açılacak.	修復作業が行われています。作業が終わったら公開されますよ。

▌ビジネス 💼

品質管理担当のMerve（女性）は工場の生産ラインで作業員（operatör）と話しています。

Merve	Bu hatta eldiven takmalısınız.	このラインでは手袋を着用しなければなりません。
Operatör	İş emrinde yazmıyor, ama.	作業指示書に書かれてないですが。
Merve	Hayır, burada eldiven zorunlu. Hat liderini görürsem, ona söylerim.	いいえ、ここでは手袋着用は義務です。ラインリーダーに会ったら、言っておきます。

（単語）

şerit 線 ／ restorasyon çalışması 修復作業 ／ ziyarete açılmak 一般公開される ／ eldiven 手袋 ／ iş emri 作業指示（書）／ zorunlu 義務である ／ lider リーダー

コラム
ドスト　カラ
Dost kara
ギュンデ　ベッリ
günde belli
オルル
olur

「真の友人は困難なときにわかる」というトルコの諺があります。これまで地震などの自然災害のたびにトルコと日本は互いに助け合って来ました。二国間の友情が芽生えた最初の出来事と言われているのが、1890年に起きた、現在の和歌山県串本町沖でのオスマン帝国軍艦遭難事件です。この物語は2015年に田中光敏監督によって『海難1890』として映画化されました。

ステップ
5 練習しましょう

🔊 11-5

▌1. 次の文を日本語に訳し、文をノートに書いて覚えましょう。

♪)) 日常会話

a｜Bize uğrarsanız, çay ısmarlarım.

b｜Saat yirmide havalimanında olmam lazım.

c｜Eserlere dokunmamalısınız.

d｜Bu tişörtün küçük bedeni var mı?

💼 ビジネス

a｜Her zaman benimle iletişime geçin.

b｜Bu faturanın alıcısı kim?

c｜Randevunuza geç kalmamalısınız.

d｜Fikirlerinizi paylaşırsanız sevinirim.

地震体験車

▌2. 空欄に適当なトルコ語を入れましょう。

a｜3 adet (　　　　　), indirim (　　　　　). 3つ買ってくれましたら、割引しますよ。

b｜Tsunami (　　　　　), yüksek bir yere (　　　　　). 津波が起きたら、私たちは高い所に逃げなければならない。

c｜Sözleşmenin içeriklerini iyi (　　　　　). あなたは契約書の内容をよく読まなければいけません。

（単語）

uğramak 立ち寄る／ ısmarlamak ごちそうする／ eser 展示物、作品／
beden サイズ／ iletişime geçmek 連絡する／ fikir 考え、アイデア／
paylaşmak 共有する／ almak 買う／ kaçmak 逃げる／ içerik 内容

（逆さ文字 = answer key, upside down）

iyi (okumalısınız).
(alırsanız), indirim (yaparım). ｜ b｜ Tsunami (olursa), yüksek bir yere (kaçmalıyız). ｜ c｜ Sözleşmenin içeriklerini
の内容をよく読まなければいけません。 **2.** a｜3 adet
物しますか？ ｜ d｜この Tシャツの小さいサイズはありますか？ ビジネス a｜いつでも私に連絡ください。 ｜ b｜この請求書を書き留めた人は誰ですか？ ｜ c｜アポイントの時間に遅れてはいけません。 ｜ d｜ご意見を共有していただけたら嬉しいです。 **答え 1.** 日常会話 a｜私のところへ寄ってくれたら、チャイをごちそうします。 ｜ b｜私は20時に空港にいなければならない。 ｜ c｜展示

招待する

まずは全体を
聴いてみましょう

🔊 12-1

イルクヌル（İlknur 女性）が、自宅での友人の送別会にムラット（Murat 男性）を誘っています。

İlknur イルクヌル	Osman bu ay sonunda yurt dışına okumaya gidiyormuş. オスマンは今月末外国へ勉強しに行くそうよ。

Murat ムラット	Öyle mi? Çok sevindim. Nereye gidiyormuş? ほんと？　よかったね。どこに行くんだろう？

İlknur イルクヌル	Fransa'ya gidecekmiş. O gitmeden önce benim evimde bir veda partisi vermeyi düşünüyoruz. Sen de gelir misin? フランスに行くつもりみたい。 彼が出発する前に私の家で送別会をしようと思うの。あなたも来る？

Murat ムラット	Tabii gelirim. もちろん、行くよ。

İlknur イルクヌル	İstersen sana ev adresimi yazıp vereyim. よかったら私の家の住所を書いておくけど。

Murat ムラット	Lütfen. お願い。

ステップ

2　語彙と文法

単 語 と 表 現

動詞

| okumak | 読む、勉強する | sevinmek | 嬉しく思う | vermek | 与える、渡す |

| parti vermek | パーティーを開く | düşünmek | 思う、考える | yazmak | 書く |

| gidiyormuş | 行くそうだ | gidecekmiş | 行くつもりらしい ⊜「～そうだ」はこの章で学びます。

複合語

| ay sonu | 月末 | yurt dışı | 国外 | veda partisi | 送別会 | ev adresi | 自宅住所 |

学 ぶ 内 容

1. ～そうだ、らしい　動詞＋-(y)miş

文末に加えると、「～そうだ、らしい」という意味になり、誰かから聞いたりして間接的に知ったことを表現します。これまで学んだ多くの文に付けることができます。

| Bugün Topkapı Sarayı kapalıymış. | 今日はトプカプ宮殿は閉まっているらしい。

| O firmanın sahibi İngiliz'miş. | その会社のオーナーはイギリス人だそうだ。

| Deniz seviyesi her yıl yükseliyormuş. | 海面は毎年高くなっているらしい。

| Göl kenarında yeni bir mağaza açılacakmış. | 湖岸に新しい店がオープンする予定だそうだ。

過去形につける時は、動詞の語幹に -miş をつけます

| Uçak rötar yapmış ve geç inmiş. | 飛行機は遅延し、遅れて着陸したそうだ。

| Kenan o konudan dolayı bayağı üzülmüş. | ケナンはその件でかなり悲しんだようだ。

2. ～してくれますか？　動詞の語幹＋-e/ir misin (iz)？

相手にお願いしたいときに使います。動詞の語幹＋-e/ir は、Ders 10と Ders 11を見てください。

| Bana yardım eder misiniz? | 私を手伝ってもらえますか？

| Müziğin sesini biraz kısar mısın? | 音楽の音量を少し下げてくれる？

| Beni Bağdat Caddesi'ne götürür müsün? | 私をバーダッド通りに連れてってくれる？

3. 複合語の作り方

日本語でも大学と学生で「大学生」、誕生とパーティーで「誕生会」となるように、二つの名詞を組み合わせて使うときは、「単語① 単語②-(s)i」のようになります。

ay 月＋son 終わり	⊙	ay sonu	月末
uçak 飛行機＋bilet チケット	⊙	uçak bileti	航空券
veda 別れ＋parti パーティー	⊙	veda partisi	送別会

ただし、「私の／きみの／あなた(方)の複合名詞」のときは、-(s)iの代わりに、-im/n/nizをつけます。

| e-mail adresiniz　あなたのメールアドレス | doğum günüm　私の誕生日
| Buraya cep numaranı yazar mısın?　ここにきみの携帯番号を書いてくれる?

単 語

Topkapı Sarayı トプカプ宮殿 ／ sahip 主、オーナー ／ deniz seviyesi 海面 ／ yükselmek 上昇する ／ üzülmek 悲しむ ／ göl 湖 ／ mağaza 店 ／ rötar yapmak (乗物などが)遅延する ／ müzik 音楽 ／ sesi kısmak 音量を下げる ／ Bağdat Caddesi バーダット通り ／ doğum 出産、誕生

コラム
トルコの
音楽と
アーティ
スト

トルコにも歌謡曲からポップスまで様々な音楽があります。歌謡曲を好む若者がいたり、生演奏を聴きながらお酒を飲むことのできる居酒屋も人気です。トルコの伝統的な楽器には、kanun(カーヌーン)やut(ud ウード)と呼ばれる撥弦楽器、ney(ネイ)という葦笛があり、それぞれ琴、琵琶、尺八に似ています。Âşık Veysel (1894-1973)という盲目の民謡歌手がbağlama*(バーラマ)を弾きながら歌う名曲 Uzun İnce Bir Yoldayım (長く細い道のりにいる)は、今でも多くの人の心に訴えかけています。Fazıl Say (1970-)は言わずと知れた世界的な天才ピアニスト。『トルコ行進曲』のジャズ風編曲はサイにしか生み出せないアレンジです。

伝統楽器屋

*長いネックをもつ撥弦楽器

ステップ 3　音声に続いて発音してみましょう

 ◀))) 12-3

İlknur イルクヌル	Osman bu ay sonunda yurt dışına オスマン　ブ　アイ ソヌンダ　　ユルト ドゥシュナ okumaya gidiyormuş. オクマヤ　　　ギディヨルムッシ オスマンは今月末外国へ勉強しに行くそうだよ。

発音のポイント①
-miş がついてもアクセントは変わりません。

Murat ムラット	Öyle mi? Çok sevindim. Nereye gidiyormuş? オイレ　ミ　　チョック セヴィンディム ネレイェ　　ギディヨルムッシ ほんと？　よかったね。どこに行くんだろう？

İlknur イルクヌル	Fransa'ya gidecekmiş. フランサヤ　　ギデジェッキミッシ O gitmeden önce benim evimde bir オ ギトメデン　　オンジェ ベニム　　エヴィムデ ビ（ル） veda partisi vermeyi düşünüyoruz. ヴェダ― パルティスィ ヴェルメイ デュシュニュヨルス Sen de gelir misin? セン　デ　ゲリル ミスィン フランスに行くつもりみたい。彼が行く前に私の家で 送別会をしようと思うの。あなたも来る？

発音のポイント②
-e/ir misin? は、gelir ゲ**リ**ルの**リ**でメロディーが上がります。

Murat ムラット	Tabii gelirim. タビイ　ゲリリム もちろん、行くよ。

発音のポイント③
複合名詞では、最初の名詞の最後の音節の母音にアクセントが移ります。
ev adresi
エヴ アドレスィ

İlknur イルクヌル	İstersen sana ev adresimi yazıp vereyim. イステルセン サナ　エヴ アドレスィミ ヤズップ ヴェレイム よかったら私の家の住所を書いておくけど。

Murat ムラット	Lütfen. リュトフェン お願い。

ステップ 4　応用会話を聴いてみましょう

🔊 12-4

▎日常会話 🎵

イスタンブルで民泊ホストの İdil（女性）は、ゲストの Bülent（男性）と話しています。

İdil	Bu akşam konsere gidiyorum.	今晩、コンサートに行くの。
	Yurt dışından bir sanatçı gelecekmiş.	海外からアーティストが来るみたい。
	Bayağı ünlü biriymiş.	かなり有名な人なんだって。
	Sen de gelir misin?	あなたも来る？
Bülent	Evet isterim. Yer nerede?	うん、行きたい。場所はどこ？
İdil	Yer Harbiye'de.	場所はハルビエ*だよ。
	Bugün cuma günü olduğu için trafik olabilir.	今日は金曜日だから渋滞するかも。
	Evden erken çıkalım.	早めに家を出よう。
Bülent	Olur. Çıkarken söyler misin?	いいよ。家を出るときに声かけてくれる？

▎ビジネス 💼

Deren（女性）は、上司の Çağlar（男性）に、同僚の Ülkü（女性）の件を相談しています。

Deren	Çağlar Bey, Ülkü bir haftadır izinde.	チャーラルさん、ユルキュは1週間休んでます。
	Annesi rahatsızmış.	お母さんが体調が悪いそうで。
Çağlar	Umarım çabuk iyileşir.	早く良くなるといいけど。
	Sen onun işlerini takip eder misin?	きみは、彼女の仕事をフォローしてくれる？
Deren	Tabii ki de.	もちろんです。

*イスタンブルのヨーロッパ側、タクスィムの少し北にある地区

（単語）

konser コンサート ／ ünlü 有名な ／ çıkarken 出るときに ／ 期間＋-dir 〜中ずっと ／ izinde 休暇中の ／ çabuk 早く ／ takip etmek フォローする

第 12 章　招待する

seksen beş　セキセンベシ ｜ 85

🔊 12-5

▌1. 次の文を日本語に訳し、文をノートに書いて覚えましょう。

🎵 日常会話

a ｜ Yarın kar yağacakmış.

b ｜ Saç kurutma makinesi bozulmuş.

c ｜ İstediğim renk kalmamış.

d ｜ Türk lirasına bozar mısınız?

タオルの一種 ペシュテマル

🗂 ビジネス

a ｜ Bir daha söyler misiniz?

b ｜ Firmanızın deposu bayağı uzak bir yerdeymiş.

c ｜ Bu toplantı odasını biri kullanıyormuş.

d ｜ Talebinizi yazılı olarak gönderir misiniz?

▌2. 空欄に適当なトルコ語を入れましょう。

a ｜ Benim ev (　　　　) (　　　　) misiniz?　　私の自宅住所宛に送ってもらえますか？

b ｜ Burada biri fotoğraf (　　　) (　　　). ここに誰かがカメラを忘れていったようだ。

c ｜ Zemin kata (　　　) (　　　)?　　　　　　「地上階」を押してもらえますか？

（ 単 語 ）

kar 雪 ／ saç kurutma makinesi ヘアドライヤー ／ kalmak 残る ／
bozmak 両替する ／ depo 倉庫 ／ yazılı olarak 書面で ／
fotoğraf makinesi カメラ ／ unutmak 忘れる ／ zemin kat 地上階 ／
basmak（ボタンなどを）押す

文法のキーポイント

→ Ders 2

1 「〜です」の肯定文・否定文・疑問文

🔊 B-1

▌肯定文 形容詞または名詞＋人称語尾

Ben iyiyim.	私は元気です。		Biz iyiyiz.	私たちは元気です。
Sen iyisin.	きみは元気です。		Siz iyisiniz.	あなた(方)は元気です。
O iyi(dir).	彼(女)は元気です。		Onlar iyiler.	彼(女)らは元気です。

→ 母音で終わる単語への人称語尾の付け方はp.22を参照。

▌否定文 形容詞または名詞 değil＋人称語尾

Ben iyi değilim.	私は元気ではありません。
Biz Japon değiliz.	私たちは日本人ではありません。
Onlar genç değiller.	彼(女)らは若くありません。

▌疑問文 形容詞または名詞 mi＋人称語尾

Siz iyi misiniz?	あなた(方)は元気ですか？
Sen Türk müsün?	きみはトルコ人なの？
O yabancı mı?	彼は外国人ですか？

▌否定疑問文 形容詞または名詞 değil mi＋人称語尾

Sen iyi değil misin?	きみは元気ではないの？
Siz memnun değil misiniz?	あなた(方)は満足していないのですか？
Onlar arkadaş değiller mi?	彼(女)らは友達じゃないのですか？

→ 彼(女)らを表す -lerだけは、人称語尾の位置がmiの前になります。他の動詞の活用でも同様です。

2 現在形の肯定文・否定文・疑問文 → Ders 4、Ders 5

▌肯定文　動詞の語幹＋-iyor＋人称語尾

Ben çay istiyorum.
私は紅茶が欲しいです。

Sen kahve istiyorsun.
きみはコーヒーが欲しい。

O bira içmek istiyor.
彼(女)はビールが飲みたいです。

Biz İzmir'e gidiyoruz.
私たちはイズミルに行きます。

Siz Ankara'ya gidiyorsunuz.
あなた(方)はアンカラに行きます。

Onlar Kyoto'ya gitmek istiyorlar.
彼(女)らは京都に行きたいです。

⊃ -iyorの付け方についてはp.40も参照。

▌否定文　動詞の語幹＋-miyor＋人称語尾

Ben çay istemiyorum.　　私は紅茶が欲しくない。

Biz otele dönmüyoruz.　私たちはホテルに帰りません。

Onlar çalışmıyorlar.　　彼(女)らは働いていません。

▌疑問文　動詞の語幹＋-iyor　mu＋人称語尾

Siz Ankara'ya gidiyor musunuz?　あなた(方)はアンカラに行きますか？

Sen birini bekliyor musun?　きみは誰かを待っているの？

O Türkçe biliyor mu?　　彼はトルコ語がわかりますか？

Onlar tenis oynuyorlar mı?　彼(女)らはテニスをしていますか？

⊃ 「彼(女)ら」を表す -lerだけは、-iyorの直後に付き、その後に母音調和に応じて mi を付けます。

▌否定疑問文　動詞の語幹＋-miyor　　mu＋人称語尾

Sen kahve istemiyor musun?　　きみはコーヒーが欲しくないの？

Onlar İngilizce bilmiyorlar mı?　彼(女)らは英語がわからないのですか？

88 | seksen sekiz セキセンセキス

3 命令形の肯定文・否定文・疑問文 → Ders 7

B-3

肯定文 senに対しては、動詞の語幹のみ sizに対しては、動詞の語幹＋-(y)in
oに対しては、動詞の語幹＋-sin onlarに対しては、動詞の語幹＋-sinler

Gel.	(senに対して)来い。	Gelin.	(sizに対して)来なさい・来てください。
Gelsin.	彼(女)を来させるように。	Gelsinler.	彼(女)らを来させるように。

→ -sinや-sinlerは、第三者への働きかけを促すときや、モノ・コトがある状態になることを願望するときに使います。

上記の他に、senとsizに対しては、親しみを込めた命令形もあります。
senに対しては、動詞の語幹＋-sene, sizに対しては、動詞の語幹＋-senize

Düşünsene. 考えてごらんよ。
Bana sorsanıza. 私に聞いてくださいよ。

否定文 senに対しては、動詞の語幹＋-me
sizに対しては、動詞の語幹＋-meyin
oに対しては、動詞の語幹＋-mesin
onlarに対しては、動詞の語幹＋-mesinler

Gelme. 来るな。
Burada oturmayın. ここに座らないでください。
Et fazla pişmesin. お肉に火が入りすぎないように。

疑問文 oとonlarに対する形は、文末にmiを置くことで疑問文になります。

Hemen gelsinler mi? 彼(女)らをすぐに来させましょうか？
Pencere açık olmasın mı? 窓は開けておかない方がいいですか？

4 過去形の肯定文・否定文・疑問文 → Ders 8

▌肯定文　動詞の語幹＋-di＋人称語尾

Ben Sultanahmet'i gezdim.
私はスルタンアフメットを散策しました。

Sen bu sabah erken uyandın.
きみは今朝早く目覚めた。

Dün yağmur yağdı.
昨日雨が降りました。

Biz sorular sorduk.
私たちは質問をしました。

Siz iyi düşündünüz.
あなた（方）はよく考えました。

Çocuklar parka gittiler.
子供たちは公園に行きました。

→ 過去の人称語尾は、現在形の場合（→p.88）と少し異なっている点に注意しましょう。
この人称語尾は過去形の他に、後に出てくる仮定形でも使われます。

→ git-mekのように動詞の語幹が無声子音で終わる場合は-diが-tiに変わります。

▌否定文　動詞の語幹＋-medi＋人称語尾

Ben Çamlıca Tepesi'ne gitmedim.　私はチャムルジャの丘に行きませんでした。

Biz pek yorulmadık.　私たちはそんなに疲れませんでした。

Onlar anlamadılar.　彼（女）らは理解しませんでした。

▌疑問文　動詞の語幹＋-di＋人称語尾　mi

Siz hiç Almanya'ya gittiniz mi?　あなた（方）は以前ドイツに行ったことがありますか？

Arkadaşların otele vardılar mı?　きみの友達たちはホテルに着いた？

▌否定疑問文　動詞の語幹＋-medi＋人称語尾　mi

Sen bugünkü gazeteyi okumadın mı?　きみは今日の新聞を読んでないの？

Doktor öyle söylemedi mi?　医師はそう言いませんでしたか？

5 未来形の肯定文・否定文・疑問文 → Ders 9

B-5

肯定文　動詞の語幹＋-(y)ecek＋人称語尾

(ben) Müdürüme danışacağım.
私はマネージャーに相談するつもりです。

(sen) İşi yavaş yavaş öğreneceksin.
君は仕事を徐々に学んでね。

Her şey güzel olacak.
万事良くなるでしょう。

(biz) Buradan eve yürüyeceğiz.
私たちはここから家まで歩くつもりです。

(siz) Daha sonra anlayacaksınız.
あなた(方)は後になってわかるでしょう。

Çalışanlar tatile girecekler.
従業員は休暇に入ります。

- 人称語尾が母音で始まるbenとbizでは、接尾辞末尾のkがğに変わります。
- 動詞語幹が母音で終わると、yürüyeceğizのように接尾辞は-yecekになります。
- 語幹末尾が変化する動詞は、Ders 9のステップ2を参照(→ p.64以下)。

否定文　動詞の語幹＋-meyecek＋人称語尾

Ben daha fazla beklemeyeceğim.　私はこれ以上待ちません。

Biz sizi unutmayacağız.　私たちはあなたのことを忘れないでしょう。

Uçak zamanında kalkmayacak.　飛行機は定時に出発しないでしょう。

疑問文　動詞の語幹＋-(y)ecek mi＋人称語尾

Maratona katılacak mısınız?　あなた(方)はマラソンに参加する予定ですか？

Yemek birazdan pişecek mi?　料理はもう少しで出来あがりますか？

否定疑問文　動詞の語幹＋-meyecek mi＋人称語尾

Sen yarın işe gitmeyecek misin?　きみは明日仕事に行かないの？

Konser saat yedide başlamayacak mı?　コンサートは7時に始まらないですか？

6 可能形の肯定文・否定文・疑問文 → Ders 9

▌肯定文　動詞の語幹＋-(y)ebilir＋人称語尾

(ben) Sana yardım edebilirim.
私はきみを手伝えるよ。

(sen) Benden daha iyi anlatabilirsin.
きみは私より上手く説明できるよ。

Olabilir.
(相槌として)そうかもしれません。

(biz) Her zaman görüşebiliriz.
(私たちは)いつでもお会いしましょう。

(siz) Yemeğe başlayabilirsiniz.
(あなた方は)食事を始めていいですよ。

Kullanıcılar web sitesinden bilgilere erişebilirler.
ユーザーはウェブサイトから情報にアクセスできます。

⤷ 動詞語幹が母音で終わるものは、可能形接尾辞が-yebilirになります。
⤷ 語幹末尾が変化する動詞は、未来形の時と同じです。
⤷ 可能の意味のほかに、「〜してよい」、「〜するかもしれない」の意味になることがあります。

▌否定文　benに対しては、動詞の語幹＋-(y)emem
　　　　　bizに対しては、動詞の語幹＋-(y)emeyiz
　　　　　sen/siz/o/onlarに対しては、動詞の語幹＋-(y)emez＋人称語尾

Bir saat daha bekleyemem.　　　　私はもう1時間も待てません。

Musluktan su içemezsiniz.　　　　水道から水を飲んではいけません。

▌疑問文　動詞の語幹＋-(y)ebilir mi＋人称語尾

Hesabı alabilir miyim?　　　　会計をお願いできますか？

Buraya gelebilir misiniz?　　　　こちらに来ていただけますか？

超越形の肯定文・否定文・疑問文　→ Ders 10

🔊 B-7

肯定文　母音で終わる動詞の語幹の場合、動詞の語幹＋-r＋人称語尾

　　　　　子音で終わる動詞の語幹の場合、一音節の語幹＋-er＋人称語尾

　　　　　　　　　　　　　　　　二音節以上の語幹＋-ir＋人称語尾

→ 超越形の活用は例外も多いので、頻出単語から徐々に覚えましょう。

(ben) Seyahat etmeyi severim.
私は旅をするのが好きです。

(sen) Onu rüyanda görürsün.
きみはその人を夢で見るかもね。

Güneş doğudan doğar.
太陽は東から昇る。

(biz) Yarın otelin lobisinde buluşuruz.
私たちは明日ホテルのロビーで待ち合わせましょう。

(siz) Türkçeyi çabuk öğrenirsiniz.
あなた(方)はトルコ語を早く習得するでしょう。

Kuşlar her baharda gelirler.
鳥たちは毎年春にやってくる。

否定文　ben に対しては、動詞の語幹＋-mem

　　　　　biz に対しては、動詞の語幹＋-meyiz

　　　　　sen/siz/o/onlar に対しては、動詞の語幹＋-mez＋人称語尾

Ben ona yardım etmem.　　　　　私は彼(女)のことを助けません。

Onlar yağmurda dışarı çıkmazlar.　彼(女)らは雨天のなか外出しないでしょう。

疑問文　動詞の語幹＋-r/-er/-ir mi＋人称語尾

Bakar mısınız?　　　（店員などに)ちょっとすみません。

Buraya gelir misin?　こっちに来てくれる？

→ p.92の疑問文の形と並んで、相手へ何かを依頼するときに使われます。

否定疑問文　sen/siz に対しては、動詞の語幹＋-mez mi＋人称語尾

　　　　　　o/onlar に対しては、動詞の語幹＋-mez＋人称語尾 mi

Bir şarkı söylemez misiniz?　　一曲歌ってくださいませんか？

Olmaz mı?　　　　　　　　　（自分の考えを説得して)ダメでしょうか？

8 不定過去形の肯定文・否定文・疑問文 → Ders 12

■ **肯定文**　動詞の語幹＋ -miş ＋人称語尾

(ben) Dün fazla içmişim.	(biz) Hedef noktasına varmışız.
私は昨日飲み過ぎたようです。	私たちは目的地に着いたみたいです。
(sen) Uzun bir mesafe yürümüşsün.	(siz) Babama birkaç şey sormuşsunuz.
きみは長い距離を歩いたようだね。	あなた(方)は私の父にいくつか質問したようですね。
Çorba soğumuş.	Onlar evlenmişler.
スープは冷めてしまったみたいです。	彼らは結婚したようです。

-miş は動詞語幹に付くだけでなく、現在形や名詞・形容詞、ほかの時制の後にも付けることができます。

| Bu odayı biri kullanıyormuş. | この部屋を誰かが使っているみたいです。 |
| Yemek çok acıymış. | 料理はとても辛いようだ。 |

⊙ 名詞や形容詞が母音で終わるとき、-ymiş となります。

■ **否定文**　動詞の語幹＋ -me ＋ -miş ＋人称語尾
　　　　　名詞・形容詞は、単語　değilmiş ＋人称語尾

Dün akşam partiye gitmemişsin.	きみは昨晩パーティーに行かなかったようだね。
İhaleye girmeyecekmişsiniz.	あなた方は入札に参加しないようですね。
O şimdi müsait değilmiş.	彼(女)は今都合が良くないみたいです。

■ **疑問文**　動詞の語幹＋ -miş(ler) mi ＋人称語尾

Evden çıkmadan çamaşırları asmış mıyım?	家を出る前に洗濯物を干したかなあ？
Daha önce buradan geçmiş miyiz?	私たちは前にここを通ったでしょうかね？
Olmuş mu?	(何かのできばえを聞く)うまくできてますか？

94　doksan dört　ドクサンドルト

9 必要形の肯定文・否定文・疑問文 → Ders 11

🔊 B-9

▎ 肯定文　動詞の語幹＋-meli＋人称語尾

(ben) Hemen gitmeliyim.
私はすぐに行かなければなりません。

(biz) Sakin olmalıyız.
私たちは冷静にならなければいけません。

(sen) Daha dikkatli davranmalısın.
君はもっと注意深くふるまわなければならないよ。

(siz) İyi düşünmelisiniz.
あなた(方)はよく考えなければなりません。

Laptop hafif olmalı.
ラップトップは軽くないといけません。

Bu binalar yeniden inşa edilmeli.
このビル群は建て直さないといけません。

⊖ 1人称では、人称語尾の前に y が入り、-meliyim となります。
⊖ olmalı は文脈によって「〜であるはずだ」という意味にもなります。

Ders 11のステップ2で学んだ、動詞の語幹＋-me gerek/lazım を使って、同様の表現が出来ます。

Hemen gitmem gerek.　　　私はすぐに行かなければなりません。

Onunla konuşmamız lazım.　私たちは彼(女)と話さなければなりません。

⊖ 私の〜：〜 -(i)m、きみの〜：〜 -(i)n、あなたの〜：〜 -(i)niz などを総称して所有接尾辞といいます。

▎ 否定文　動詞の語幹＋-memeli＋人称語尾
　　　　　または、動詞の語幹＋-meme＋所有接尾辞 gerek/lazım

Acele etmemeliyim.　　　　　　私は急いではいけない。

O kadar hızlı yememelisiniz.　　あなた方はそんなに早く食べてはいけません。

Bu kadar geç kalmaması lazım.　彼(女)はこんなに遅刻してはいけません。

動詞の語幹＋-me＋所有接尾辞 -e gerek yok は、「〜する必要がない」という表現になります。

(Benim) Acele etmeme gerek yok.　私は急ぐ必要がありません。

(Senin) Gelmene gerek yok.　　　　きみは来る必要がないよ。

肯定文・否定文　動詞の語幹 + -rse/-erse/-irse ＋人称語尾
　　　　　　　　　　動詞の語幹 + -mezse ＋人称語尾

(ben) Müsait olursam, toplantıya katılırım.	(ben) Gelmezsem, sekreterimi arayın.
（私は）空いていれば、会議に出席します。	（私が）来なかったら、私の秘書に電話してください。
(biz) Yürürsek, yetişemeyiz.	(biz) Taksiye binmezsek, geç kalırız.
（私たちは）歩いていたら、間に合いません。	（私たちは）タクシーに乗らないと、遅刻します。
(sen) İstersen, yavaş yavaş kalkabiliriz.	(sen) Metroya binmek istemezsen, ben seni bırakırım.
（きみが）よかったら、そろそろ出ましょうか。	（きみが）メトロに乗りたくなければ、私が送るよ。
(siz)Spor yaparsanız, daha sağlıklı yaşarsınız.	(siz)Doğru beslenmezseniz, kaslarınız gelişmez.
（あなたは）運動をすれば、もっと健康的に暮らせます。	（あなたは）適切な食事をしないと、筋肉が発達しません。
O beni görürse, hatırlayacak.	Uçak gecikmezse, birazdan gelir.
（彼（女）は）私を見たら、思い出すでしょう。	飛行機が遅れていなければ、まもなく来るでしょう。

⊃ 過去形と同じ人称語尾を使います。

-se は動詞の語幹に付くだけでなく、現在形や名詞・形容詞、ほかの時制にも付けることができます。直前の単語の語尾が母音で終わる場合は、-yse になります。

Mümkünse odamı değiştirebilir misiniz?
可能であれば、私の部屋を変えてもらえますか。

Senin kararın buysa, saygı duyarım.
君の決断がこれなのであれば、尊重するよ。

～だったら…したのに　動詞の語幹 -seydi ＋人称語尾
　　　　　　　　　　　　　　超越形＋過去＋人称語尾

Senin yerinde olsaydım, mutlaka polise başvururdum.
私がきみの立場だったら、絶対に警察に届け出たのに。

11 受身形の肯定文・否定文・疑問文

B-11

動詞の語幹に受身の接尾辞 –n/-in/ il などをつけます。

母音で終わる動詞の語幹の場合、動詞語幹 -n

| yemek 食べる → 食べられる yenmek　　| okumak 読む → 読まれる okunmak

lで終わる動詞の語幹の場合、動詞語幹 -in

| bilmek 知る → 知られる bilinmek　　| bulmak 見つける → 見つかる bulunmak

l以外の子音で終わる動詞の語幹の場合、動詞語幹 -il

| yapmak 作る → 作られる yapılmak　　| görmek 見る → 見られる görülmek

受身の動詞はいろいろな時制と組み合わせて使うことができます。
3人称で使われることが多いですが、1人称や2人称でも使われます。

現在形	Yeni bir konut binası inşa ediliyor.	新しいマンションが建設されています。
	Eleman aranıyor.	(求人広告などで)スタッフ募集中
未来形	Öyle bir şeye asla izin verilmeyecek.	そういうことは絶対に許可されないでしょう。
	Yeni bir metro hattı açılacak.	新たな地下鉄路線が開通する予定です。
過去形	Katılımcılar iki gruba bölündü.　参加者は二つのグループに分けられました。
	Maçta biz yenildik.　試合で私たちは負けた。　㊟ yenmek 勝つ ⇔ yenilmek 負ける
超越形	Girilmez.	(看板などで)立入禁止
	Buradan evine kadar yürünür mü?	ここから君の家まで歩いて行けますか？

　トルコ語では、girmek や yürümek のような自動詞も受身にすることができます。

不定 過去形	Olayın zanlısı tutuklanmış.	事件の容疑者が逮捕されたらしいです。
	Başvurum uygun görülmüş.	私の出願は通ったようです。
可能形	Her ihtimal düşünülebilir.	あらゆる可能性が考えられます。
必要形	Günde kaç saat spor yapılmalı?	一日に何時間運動する必要がありますか？

y

doksan yedi　ドクサニェディ　| 97

12 理由の表現 → Ders 8

▌ Neden/Niçin ～? Çünkü ～　なぜ～?　なぜなら～

| Neden diyete başladın?　　　　　（君は）なぜダイエットをはじめたの？
| Çünkü gelecek ay maraton koşacağım.　（なぜって、）来月マラソンを走るから。

▌ 名詞＋den dolayı　～が理由で

| Yarışma kardan dolayı iptal oldu.　　　競技は雪のため中止になった。

▌ 人称代名詞所有格または名詞　yüzünden　～のせいで

| Ahmet yüzünden o kızıyor.　　　　アフメットのせいで彼（女）は怒っています。
| Sakatlığı yüzünden futbolu bıraktı.　　彼（女）は怪我のせいでサッカーをやめました。

▌ 接続詞 ki, diye　～するために、～と思って

| Erken yatalım ki yarın erken kalkalım.　早く寝ましょう、明日早く起きられるように。
| Acıkırız diye meyve getirdim.　　　お腹がへると思って、果物を持ってきました。

13 時の表現

▌ 動詞の語幹＋-(y)erek　～しながら

| Seyirciler alkışlayarak müzisyeni karşıladılar.　観客は拍手をしながらミュージシャンを迎えました。
| Her sabah haberleri okuyarak kahvaltı yaparım.　私は毎朝ニュースを読みながら朝食をとります。

▌ 動詞の語幹＋-(y)ince　～したら

| İşlerin bitince bana haber verir misin?　仕事が終わったら、私に連絡してくれる？
| Havalar açınca dışarı çıkalım.　　　天気が良くなったら外に出ましょう。

▌ 動詞の語幹＋-(y)ip　～して

| O gündüz çalışıp akşam yüksek lisansa gidiyor.　彼（女）は昼間働いて夜は大学院に行っている。

| Teklifinizi değerlendirip size dönerim. あなたの提案を検討して、回答します。

▌ 動詞の語幹＋-rken/-erken/-irken　〜しているとき
| Spor yaparken bol bol su içmelisiniz. あなた(方)は運動をしているとき、たくさん水を飲むべきです。
| Araba kullanırken lütfen dikkatli ol. 運転するときは、どうか注意して。

14　動詞の活用例

ヤプマック **yapmak する**	**Ben 私**	**Sen きみ**	**Siz あなた(方)**	**O 彼(女)**
超越形(する)	yaparım	yaparsın	yaparsınız	yapar
不定過去形(したらしい)	yapmışım	yapmışsın	yapmışsınız	yapmış
可能形(できる)	yapabilirim	yapabilirsin	yapabilirsiniz	yapabilir
必要形(せねばならない)	yapmalıyım	yapmalısın	yapmalısınız	yapmalı
仮定形(するならば)	yaparsam	yaparsan	yaparsanız	yaparsa
現在形(している)	yapıyorum	yapıyorsun	yapıyorsunuz	yapıyor
未来形(する予定だ)	yapacağım	yapacaksın	yapacaksınız	yapacak
過去形(した)	yaptım	yaptın	yaptınız	yaptı
否定の過去形(しなかった)	yapmadım	yapmadın	yapmadınız	yapmadı
疑問の過去形(しなかったのか)	yapmadım mı	yapmadın mı	yapmadınız mı	yapmadı mı

15　よく使う慣用句

B-15

| Geçmiş olsun. お疲れ様。／(病気・怪我・事故・災害などに対して)お大事に。
| Güle güle. (見送る側が)バイバイ。 | İnşallah. そうなるといいですね。
| Kolay gelsin. うまく行くといいね。 | Saygılarımla (メール文末などで)敬具
| Afiyet olsun. (食べる人に)どうぞ召しあがれ。 | Şerefe! / Sağlığınıza! 乾杯！
| Eline sağlık. (作ってくれた人に)いただきます。 | Çok yaşa! くしゃみをした人に言う表現

16 よく使う単語

▌ 季節・月・曜日

ilkbahar 春 ／ yaz 夏 ／ sonbahar 秋 ／ kış 冬

ocak 1月 ／ şubat 2月 ／ mart 3月 ／ nisan 4月

mayıs 5月 ／ haziran 6月 ／ temmuz 7月 ／ ağustos 8月

eylül 9月 ／ ekim 10月 ／ kasım 11月 ／ aralık 12月

pazar 日曜 ／ pazartesi 月曜 ／ salı 火曜 ／ çarşamba 水曜

perşembe 木曜 ／ cuma 金曜 ／ cumartesi 土曜

▌ 天気

bulut 雲 ／ kar 雪 ／ fırtına 嵐 ／ şimşek 雷 ／ tayfun 台風 ／ yağmur 雨

▌ 家族

ağabey/abi 兄 ／ abla 姉 ／ oğul 息子 ／ kız 娘

dede 祖父 ／ babaanne 父方の祖母 ／ anneanne 母方の祖母

amca 父方の叔父 ／ dayı 母方の叔父 ／ hala 父方の叔母 ／ teyze 母方の叔母

kuzen いとこ ／ yeğen 甥、姪 ／ torun 孫 ／ akraba 親戚

▌ 体

baş 頭 ／ omuz 肩 ／ boyun 首 ／ göğüs 胸 ／ karın 腹 ／ sırt 背中

el 手 ／ bel 腰 ／ ayak 足 ／ diz 膝 ／ saç 髪 ／ yüz 顔

göz 目 ／ kulak 耳 ／ burun 鼻 ／ ağız 口 ／ diş 歯 ／ kemik 骨

kas 筋肉 ／ damar 血管 ／ akciğer 肺 ／ kalp 心臓 ／ mide 胃

▌ 病気

ateş 熱 ／ öksürük 咳 ／ ishal 下痢 ／ kabız 便秘 ／ grip インフルエンザ

nezle 鼻風邪 ／ baş ağrısı 頭痛 ／ karın ağrısı 腹痛 ／ bel ağrısı 腰痛

▌色彩

siyah 黒 ／ gri グレー ／ beyaz 白 ／ kırmızı 赤 ／ yeşil 緑 ／ mavi 青
kahverengi 茶 ／ mor 紫 ／ sarı 黄 ／ pembe ピンク ／ şeffaf 透明

▌建物、宿

giriş 入り口 ／ çıkış 出口 ／ banyo 浴室 ／ duş シャワー ／ tuvalet トイレ ／
oda 部屋

▌衣服

takım elbise スーツ ／ pantolon ズボン ／ etek スカート
gömlek シャツ ／ kazak セーター ／ bluz ブラウス ／ tişört T シャツ
palto/manto コート ／ ceket ジャケット ／ kravat ネクタイ
kemer ベルト ／ atkı マフラー ／ ayakkabı 靴 ／ çorap 靴下

▌味・食材

tatlı 甘い ／ tuzlu 塩辛い ／ acı 辛い、苦い ／ ekşi 酸っぱい
çupra 黒鯛 ／ levrek スズキ ／ hamsi イワシ ／ istavrit 小アジ ／ somon 鮭
uskumru サバ ／ midye ムール貝 ／ ahtapot タコ ／ kalamar イカ ／ karides エビ
dana 牛肉 ／ tavuk 鶏肉 ／ koyun マトン ／ kuzu ラム
kıyma 挽肉 ／ dil タン ／ ciğer レバー ／ tavuk kanadı 手羽先
kayısı アンズ ／ çilek イチゴ ／ portakal オレンジ ／ karpuz スイカ ／ kavun メロン
armut 洋ナシ ／ muz バナナ ／ üzüm ブドウ ／ mandalina ミカン ／ şeftali モモ
elma リンゴ ／ limon レモン ／ incir イチジク ／ salatalık キュウリ ／ patlıcan ナス
havuç ニンジン ／ patates ジャガイモ ／ ıspanak ホウレンソウ ／ soğan タマネギ
sarımsak ニンニク ／ domates トマト ／ lahana キャベツ ／ marul レタス

▌スポーツ

koşu ランニング ／ voleybol バレーボール ／ futbol サッカー
basketbol バスケットボール ／ masa tenisi 卓球 ／ yüzme 水泳
beyzbol 野球 ／ golf ゴルフ ／ kayak スキー

索引

~~

» ve	〜と、それで	76, 82
» veda	別れ	81-84
» vermek	与える	53, 62, 73-74, 76, 81-82, 84
» video	ビデオ、動画	67
» viski	ウィスキー	70
» vize	ビザ	68
» voleybol	バレーボール	101

(W)

» web sitesi	ウェブサイト	92

(Y)

» yabancı	外国人	13, 87
» yağmak	(雨などが)降る	86, 90
» yağmur	雨	90, 93
» yakın	近い、近場	75-78
» yangın	火事	76-77
» yan	隣	71, 74
» yanına almak	持っていく	71
» yapılmak	作られる	97
» yapmak	する、作る	58, 62, 65, 68, 71, 76, 80, 82-83, 96-99
» yaptırmak	させる、作らせる	61
» yardım	助け	56, 73, 82, 92-93
» yarım	半分、ハーフ	49
» yarın	明日	91, 96, 98
» yasak	禁止の	67
» yaşamak	生きる、生活する	96
» yatmak	寝る	98
» yavaş	ゆっくり	71, 91, 96
» yaz	夏	100
» yazılı	書面の	86

» yazmak	書く	50, 53, 55-56, 79, 81-84
» yedi	7(数字)	49, 91
» yeğen	甥、姪	100
» yemek	食べる	62, 95
» yemek	食事、料理	50, 52-53, 59, 71, 74, 76-77, 97
» yeni	新しい	82
» yeniden	再び	95
» yenilmek	負ける	97
» yenmek	勝つ	97
» yer	場所、立場	11, 49, 68, 74, 80, 86
» yerli	国産の、地元の	73
» yeşil	緑	101
» yetişmek	間に合う	96
» yıl	年	11, 82
» yine	再び	56
» yirmi	20(数字)	45, 47-48, 80
» yok	無い	9, 30, 45, 48, 53, 55, 63, 66, 95
» yoksa	もしかして	63, 66
» yol	道	11
» yorulmak	疲れる	90
» yorum	コメント	77
» yüksek	(建物などが)高い	51-52, 54, 80
» yüksek lisans	大学院	98
» yükselmek	上昇する	82-83
» yurt dışı	外国	38, 81-82, 84
» yürümek	歩く	13, 59, 71, 91, 94, 97
» yürüyüş	散歩	65
» yüz	100(数字)	49
» yüz	顔	100
» yüzme	水泳	101
» yüzünden	〜のせいで	98

Z

著 者 紹 介

津久井 優 (つくい ゆう)

2009年東京外国語大学外国語学部欧米第二課程フランス語専攻卒、2022年事業構想大学院大学修了。学士(言語学)、事業構想修士(専門職)。2007年〜2008年トルコ共和国立イスタンブール大学留学。2009年〜2012年在イスタンブール日本国総領事館在外公館派遣員。2012年〜2017年 TOYOTA Motor Manufacturing Turkey 勤務。2017年〜現職ロート製薬株式会社。2018年トルコ政府文化観光省企画「トルコ大紀行」映像翻訳、2020年三省堂「デイリー日本語・トルコ語・英語辞典」著作協力、ほか。

川口裕司 (かわぐち ゆうじ)

東京外国語大学名誉教授。東京外国語大学修士課程修了。静岡大学人文学部を経て、1995年から東京外国語大学外国語学部に勤務。外国語教育学会会長、東京外国語大学言語文化学部長、日本学術振興会学術システム研究センター主任研究員などを歴任。著書に、『デイリー日本語・トルコ語・英語辞典』(監修、三省堂、2020年)、『フランコフォンの世界──コーパスが明かすフランス語の多様性』(共編訳、三省堂、2019年)、*La prononciation du français dans le monde : du natif à l'apprenant*(共著、CLÉ International、2016年)、『初級トルコ語のすべて』(IBC パブリッシング、2016年)などがある。

監 修 者 紹 介

菅原 睦 (すがはら むつみ)

東京外国語大学大学院総合国際学研究院教授。京都大学大学院文学研究科博士課程単位修得退学。博士(文学)。専門は言語学・中期チュルク語。著書に『ウイグル文字本『聖者伝』の研究』I/II (神戸市看護大学、2007-2008年)、訳書に『デデ・コルクトの書』(共訳、平凡社、2003年)、論文に「ナヴァーイーの『篤信家たちの驚嘆』について」(『東洋学術研究』60-2、2021年)、'A Middle Turkic qaṣīda in the Uyghur script'(*Area and Culture Studies* 91、2015年)などがある。

モジュールで身につくトルコ語
東京外国語大学の語学

2024年3月26日　初版第1刷発行

著　者
津久井 優　川口裕司

監 修 者
菅原 睦

音 声 吹 き 込 み
ブシュラ・アタコール　エゲハン・コクメン

ブックデザイン
木下 悠

イ ラ ス ト
髙城 琢郎

発 行 者
林 佳世子

発 行 所
東京外国語大学出版会
〒183-8534　東京都府中市朝日町3-11-1
TEL. 042-330-5559 FAX. 042-330-5199
e-mail　tufspub@tufs.ac.jp

印 刷・製 本
モリモト印刷株式会社